Le sociologue et l'historien
Pierre Bourdieu & Roger Chartier

社会学家与历史学家

布尔迪厄与夏蒂埃对话录

〔法〕皮埃尔·布尔迪厄 〔法〕罗杰·夏蒂埃 著

马胜利 译

著作权合同登记号 图字：01-2024-0695

图书在版编目（CIP）数据

社会学家与历史学家：布尔迪厄与夏蒂埃对话录 / （法）皮埃尔·布尔迪厄著；（法）罗杰·夏蒂埃著；马胜利译. -- 2版. -- 北京：北京大学出版社，2025.8. （历史与理论）. -- ISBN 978-7-301-36410-9

I. C91；K0

中国国家版本馆CIP数据核字第2025G9Q340号

© Éditions Agone, Marseille, & Raisons d'Agir, Paris, France, 2010

书　　　名	社会学家与历史学家：布尔迪厄与夏蒂埃对话录 SHEHUIXUEJIA YU LISHIXUEJIA: BU'ERDI'E YU XIADI'AI DUIHUALU
著作责任者	〔法〕皮埃尔·布尔迪厄　〔法〕罗杰·夏蒂埃　著　马胜利　译
责任编辑	杨渊清　李学宜
标准书号	ISBN 978-7-301-36410-9
出版发行	北京大学出版社
地　　　址	北京市海淀区成府路205号　100871
网　　　址	http://www.pup.cn　新浪微博：@北京大学出版社
电子邮箱	编辑部 wsz@pup.cn　总编室 zpup@pup.cn
电　　　话	邮购部 010-62752015　发行部 010-62750672 编辑部 010-62752025
印　刷　者	北京中科印刷有限公司
经　销　者	新华书店
	965毫米×1300毫米　32开　4印张　60千字 2012年2月第1版 2025年8月第2版　2025年8月第1次印刷
定　　　价	40.00元（精装）

未经许可，不得以任何方式复制或抄袭本书之部分或全部内容。
版权所有，侵权必究
举报电话：010-62752024　电子邮箱：fd@pup.cn
图书如有印装质量问题，请与出版部联系，电话：010-62756370

目 录

译者序　　　　　　　　　　　　　　　　　　马胜利 / I

序　言　学者的直白　　　　　　　　　　　　罗杰·夏蒂埃 / 1

对话一　社会学家的职业　　　　　　　　　　19

对话二　幻觉与知识　　　　　　　　　　　　41

对话三　结构与个人　　　　　　　　　　　　61

对话四　习性与场域　　　　　　　　　　　　79

对话五　马奈、福楼拜和米什莱　　　　　　　97

译者序

这是一本小书，但它涉及的却是两位大家对两个重要学科的解释和看法。1987年末，应法国文化广播电台《名人直白》栏目之邀，法国著名社会学家皮埃尔·布尔迪厄与著名历史学家罗杰·夏蒂埃进行了5次对话，录制的节目于1988年2月播出。本书便是这一系列对话的完整记录。

布尔迪厄（1930—2002）毕业于巴黎高等师范学院，1968年起任法国国家科研中心社会学部主任，并任欧洲社会学中心主任，1982年起任法兰西学院社会学教授。他著述颇丰，多达340余种，涉及人类学、社会学、教育、历史、政治、哲学、美学、文学、语言学等领域，其主要代表作有《阿尔及利亚的社会学》《再生产》《实践理论大纲》《区隔》《学术人》《艺术的法则》等。其中，《区隔》一书被国际社会学协会评为20世纪最重要的社会学著作之一。布尔迪厄的理论和学术观点在欧美知识界颇具影响。在社会学研究方面，布尔迪厄开创了许多调查架构和术语，如文化资本、社会资本和符号资本，以及习性、场域、符号暴力等概念，用以揭示社会生活中的动态权力关系。场域理论是布尔迪厄社会学体系中的重要内容。他提出，场域中充满力量和竞争，个体可选择不同的竞争策略，资本既是竞争的目的，又是竞争的手段；场域有自主化的趋势，但场域本身的自主性又受到外来因素的限制。习性是与场域相对应的一个基本概念，与场域紧密结合。布尔迪厄通过场域理论，为实践自己的社会学宗旨，以及超越主客观二元对立，做出了较为成功的尝试。另外，布尔迪厄还继承了以左拉和萨特为代表的法国知识分子传统，他的著作经常持批判西方哲学传统的立场。他积极投身社会活动，批判阶级社会，并因此招来不少非议。英国《卫报》评价他是可与福柯、巴特等人齐名的思想家。

夏蒂埃（1945年生）毕业于圣克卢高等师范学院和索邦大学，1970年起任教于巴黎第一大学，1978年起任教于法国社会科学高等研究院，2006年出任法兰西学院"现代欧洲的书写与文化"讲席教授。他以文化史研究著称，其著作有《法国出版史》《法国大革命的文化起源》《书籍的秩序》《西方世界的阅读史》等，并于1992年获得法兰西学术院历史学大奖。夏蒂埃被学术界归为"第四代年鉴学派史学家"，其治史观念与前一代年鉴学派已有很大区别。他研究视野宽阔，突破了法国自成一系的史学传统，善于结合当代西方史学前沿，尤其是英美新文化史研究的潮流，形成了自己独特的新文化史观。他对年鉴学派的时段论、"系列史"、心态史等概念有所批判，认为文化既不是传统思想史所描述的知识精英的专利，也不是心态史中从属于"短时段"历史经验的一部分，更不是仅用量化就可归纳的轮廓或趋势。在著书立说的同时，夏蒂埃还借助大众传媒开展学术普及活动，他在法国文化广播电台主持《星期一史学》和《名人直白》等栏目，在学术界和公众中有很大影响。

要深入理解上述两位著名学者的对话，还应对当时的学术背景有所了解。众所周知，法国的历史学和社会学是两门地位显赫、颇具影响的学科。然而，它们之间的关系却并不融洽，历史学界和社会学界的相互冲突和交锋时有发生。20世纪七八十年代在法国学术界占主导地位的年鉴学派偏重"长时段"历史，鄙视社会学只关注"不牢靠和不可捉摸的现实"。因此，布尔迪厄的《区隔》一书出版后便遭到众多历史学家的抨击。而以布尔迪厄为代表的社会学家则批评法国的历史学家远离现实,只注重"死亡的和埋入地下的东西"。但另一方面,80年代末的年鉴学派已开始出现危机。热拉尔·努瓦里埃尔(Gérard Noiriel)、弗朗索瓦·多斯(François Dosse)和罗杰·夏蒂埃等历史学家对法国历史学的状况和年鉴学派的传统理论提出了怀疑,他们同时还试图借鉴其他社会学科的方法和理论来纠正年鉴学派存在的问题。布尔迪厄与夏蒂埃的对话便是在这种背景下展开的。因此,从《社会学家与历史学家》的书名中,我们既可以感到这是两个学科之间的交锋,又可以看到它们相互沟通和理解的愿望。

本书收录的5场对话分别以"社会学家的职业""幻觉与知识""结构与个人""习性与场域"以及"马奈、福楼拜和米什莱"为题,涉及布尔迪厄社会学研究的主要内容。在交流中,两位学者并不回避他们之间的分歧和矛盾,都能倾听对方的意见。夏蒂埃通过提问和插话,尽量让布尔迪厄表明其社会学的重要理念和内心思考,并努力从中发现社会学与历史学的相通之处。布尔迪厄也抛弃了往常的激烈言辞,力求平心静气地解释自己的看法和感受。他甚至多次对夏蒂埃的观点表示肯定和赞同。与激烈的学术论战不同,这种平和态度和沟通气氛有助于人们看清法国社会学与历史学的关系,并深刻理解布尔迪厄的重要理论、观念和思考。

20多年后,在2010年,法国阿戈内出版社(Agone)决定将上述系列对话作为小册子全文发表。它认为,这组对话不仅能够告诉人们众多学界事实,还会启发读者思考。而且,该书的对话形式显得生动活泼,读来轻松晓畅,有助于一般读者了解法国的社会科学状况和布尔迪厄的复杂思想。

马胜利

2011年12月

序言

学者的直白

À voix nue

重读了我和皮埃尔·布尔迪厄在1988年的对话,我的第一感觉是:在这5次节目中,布尔迪厄精力充沛、风趣幽默和充满激情的形象再度浮现在我眼前。由于法兰西学院教授的显赫头衔[1],或是由于作为投身现实的社会学家进行的论战,布尔迪厄的思维方式有时受到遮蔽。因此我认为,这本小册子的功劳在于:它通过最直接的活泼的交流,反映出布尔迪厄的思维方式,并将其从约束中释放出来。布尔迪厄的研究始终基于同样的分析范畴并颇具批判洞察力。这5篇对话并未遮挡其研究的延续性和一致性,而是向人们展示出一个不大一样的布尔迪厄,即较少受制于他后来选择或被人强加的角色。这是一个欢快、活泼,对他人和自己都要嘲讽的布尔迪厄,是一个既坚信其研究引发了科学断裂,又时刻准备与其他学科和研究方法开

---

[1] 1982年4月23日,皮埃尔·布尔迪厄发表了出任法兰西学院社会学教授的开课演讲。该演讲由午夜出版社(Minuit)以"关于课程的课程"(Leçon sur la leçon)为题予以发表。

展对话的布尔迪厄。

我们在读这些对话时不应忘记时间上的差距，应回到当时的年代。在1988年，让-马里·博尔泽（Jean-Marie Borzeix）[1]领导的法国文化广播电台有意邀请布尔迪厄参加《名人直白》栏目。作为一个既非初出茅庐，也非地位显赫的历史学家，我之所以被选定为他的对话者，无疑是因为我对他的精神仰慕和情谊早已体现在我们一起参与的一系列节目中，例如我目前仍担任制作人的月度栏目《星期一史学》[2]。该栏目的一期节目便以他出版的著作《区隔》（*La Distinction*）和《实践感》（*Le Sens pratique*）[3]为主题。在这期节目中，他与帕特里克·弗里登松（Patrick Fridenson）和乔治·杜比（Georges Duby）展开了对话，而且他与乔治·杜比彼此怀有深厚的敬重

---

[1] 让-马里·博尔泽在1974—1977年是法国文化广播电台的负责人。

[2] 此外，1983年10月24日，他与卡洛·金茨堡（Carlo Ginzburg）和路易·马兰（Louis Marin）参加了关于历史和艺术社会学的一期节目。1985年7月8日，他与克里斯蒂安·茹奥（Christian Jouhaud）和阿兰·维亚拉（Alain Viala）一同参加了关于阿兰·维亚拉的著作《作家的诞生：古典时期的文学社会学》的一期节目。

[3] 这两本书分别于1979年和1980年由午夜出版社出版。

之情。[1] 他在这期节目中给我留下的印象最为深刻。在此之前,《区隔》一书曾遭到一些历史学家的猛烈抨击,他们错误地,或者说"过分正确地"理解了这本书。而这次交流表明,历史学家和社会学家应当把社会类别斗争与阶级斗争(如果它真能与前者分开的话)视为同等真实的现象,应当认识到社会世界的对立表象既有助于表现,也有助于造就这个世界。

1988年,布尔迪厄在很大程度上因《区隔》一书而成为名人。在传媒的作用下,这本论战性著作把一位社会学家推上了知识和公共舞台。[2] 然而,在这本书出版之前,布尔迪厄已经是著作等身的资深研究员了。[3] 他曾经在阿尔及利亚的卡

---

[1] 《星期一史学》的这期节目是1980年2月25日播出的。

[2] 1979年12月21日,布尔迪厄应贝尔纳·皮沃(Bernard Pivot)之邀,与费尔南·布罗代尔(Fernand Braudel)和马克斯·加洛(Max Gallo)一起参加了电视读书栏目《插话》。他在这次节目中介绍了自己的这本书。这期节目的题目是"历史学家、社会学家和小说家"。

[3] 要详细了解他的研究成果,可参阅 Yvette Delsaut et Marie-Christine Rivière, *Bibliographie des travaux de Pierre Bourdieu, suivi d'un entretien sur l'esprit de la recherche*, Le Temps des cerises, 2002, 此书于2009年再版。

比利亚从事人种学研究[1]，对法国的教育体制做过分析[2]，对摄影的社会用途[3]和参观博物馆的行为[4]做过集体调研，还对实践逻辑进行过理论思考。他在这些领域的研究始终保持警觉，丝毫未因上述成就而失去惊人的活力。他的研究还涉及

---

[1] Pierre Bourdieu, *Esquisse d'une théorie de la pratique, précédé de trois études d'ethnologie kabyle*, Genève, Droz, 1972.

[2] Pierre Bourdieu et Jean-Claude Passeron, *Les Héritiers. Les étudiants et la culture*, Minuit, 1964; Pierre Bourdieu et Jean-Claude Passeron, *La Reproduction. Éléments pour une théorie du système d'enseignement*, Minuit, 1970; Pierre Bourdieu et Monique de Saint-Martin, "Les catégories de l'entendement professoral" et "Épreuve scolaire et consécration sociale. Les classes préparatoires aux grandes écoles", *Actes de la recherche en sciences sociales*（*ARSS*）, mai 1975, n° 3, pp. 68—93, et septembre 1981, n° 39, pp. 3—70. 在我们的交谈中，皮埃尔·布尔迪厄曾提到后两项研究。

[3] Luc Boltanski, Pierre Bourdieu, Robert Castel et Jean-Claude Chamboredon, *Un art moyen. Essai sur les usages sociaux de la photographie*, Minuit, 1965.

[4] Pierre Bourdieu, André Darbel et Dominique Schnapper, *L'Amour de l'art. Les musées et leur public*, Minuit, 1966.

其他方面，例如舆论调查[1]、婚姻策略[2]、高级时装[3]、体育实践[4]，以及关于法国雇主[5]和主教[6]的社会学。他的上述分析研究往往是以谈话或讲座形式提出的，其中一部分被收入了《社会学问题》[7]这本小书。80年代他任法兰西学院的教授，有3本著作成为他在社会学学术道路上的代表作：

---

[1] Pierre Bourdieu, "L'opinion publique n'existe pas", *Noroît*, février 1971, n° 155.

[2] Pierre Bourdieu, "Les stratégies matrimoniales dans les systèmes de reproduction", *Annales ESC*, juillet-octobre 1972, pp. 1105-1127, et "De la règle aux stratégies. Entretien avec Pierre Lamaison", *Terrains*, mars 1985, n°4, pp. 93-100.

[3] Pierre Bourdieu, "Haute couture et haute culture", *Noroît*, novembre 1974, n° 192, et, avec Yvette Delsaut, "Le couturier et sa griffe. Contribution à une théorie de la magie", *ARSS*, janvier 1975, n° 1, pp. 7-36.

[4] Pierre Bourdieu, "Pratiques sportives et pratiques sociales", *in Actes du VIIe Congrès international de l'HISPA*, INSEP, 1978, tome 1, pp. 17-37.

[5] Pierre Bourdieu et Monique de Saint Martin, "Le patronat", *ARSS*, mars-avril 1978, n° 20/21, pp. 3-82.

[6] Pierre Bourdieu et Monique de Saint Martin, "La sainte famille. L'épiscopat français dans le champ du pouvoir", *ARSS*, 44-45, novembre 1982, pp. 2-53.

[7] Pierre Bourdieu, *Questions de sociologie*, Minuit, 1980.

1982 年他出版了《言语意味着什么》[1]；1984 年他出版了《学术人》[2]，对他而言，这无疑是最难写的一本书；在我们对话前的几个月，他又出版了一本言论集，即《说过的话》[3]。

在参与《名人直白》栏目期间，布尔迪厄正在撰写《艺术的法则》[4]一书，因此在谈到正在从事的马奈和福楼拜研究时，他内心的激情溢于言表。此外，他在思考知识和艺术

---

〔1〕 Pierre Bourdieu, *Ce que parler veut dire. L'économie des échanges linguistiques*, Fayard, 1982. 由于这部著作，他在 1982 年 10 月 20 日再次受到电视读书栏目《插话》的邀请，与雅克·塞拉尔（Jacques Cellard）、奥古斯特·勒布勒东（Auguste Lebreton）、若埃尔·乌桑（Joël Houssin）和皮埃尔·佩雷（Pierre Perret）一同参加了一期题为"信口雌黄"（En jacter des vertes et des pas mûres）的节目。

〔2〕 Pierre Bourdieu, *Homo academicus*, Minuit, 1984. 由于这本书，更由于他在法兰西学院的报告《对未来教育的九项建议》（*Neuf propositions pour l'enseignement de l'avenir*），布尔迪厄第三次应《插话》栏目的邀请，参加了一期题为"从小学到大学"（De l'école à l'université）的节目。应邀参加此次节目的还有让－皮埃尔·舍韦内芒（Jean-Pierre Chevènement）、亨利·泰泽纳斯·迪蒙塞尔（Henri Tézenas du Montcel）和保罗·居特（Paul Guth）。

〔3〕 Pierre Bourdieu, *Choses dites*, Minuit, 1987.

〔4〕 Pierre Bourdieu, *Les Règles de l'art. Genèse et structure du champ littéraire*, Seuil, 1992.

场域的特殊性质的过程中还用英文发表了不少论文[1]；1986年，他在普林斯顿大学"克里斯蒂安·高斯评论研讨会"中发表过多次演讲；在这些对话节目播出那年，他对海德格尔的研究成果[2]也得以问世。所以，人们应当倾听一下布尔迪厄当时的亲自表述，权当并不知晓他后来出版的《国家精英》《帕斯卡尔式的沉思》《男性统治》《经济的社会结构》等著作[3]，以及在行动理由出版社（Raisons d'agir）出版的更具

---

[1] Pierre Bourdieu, "The Field of Cultural Production, or the Economic World Reversed", *Poetics*, 1983, vol. 12, n° 4/5, pp. 311–356; ou "The Historical Genesis of a Pure Aesthetic", *The Journal of Aesthetics and Art Criticism*, 1987, vol XLVI, special issue, pp. 201–210. 上述两篇和其他8篇文章后来收入了 Pierre Bourdieu, *The Field of Cultural Production. Essays on Art and Literature*, Polity Press, Cambridge, 1993。

[2] Pierre Bourdieu, "L'ontologie politique de Martin Heidegger", *ARSS*, novembre 1975, n° 5/6, pp. 109–156. 该项研究还以专著形式出版，参见 *L'Ontologie politique de Martin Heidegger*, Minuit, 1988。

[3] Pierre Bourdieu, *La Noblesse d'État. Grandes écoles et esprit de corps*, Minuit, 1989; *Méditations pascaliennes*, Seuil, 1997; *La Domination masculine*, Seuil, 1998; *Les Structures sociales de l'économie*, Seuil, 2000.

政治色彩的论述[1]。

对历史学家而言，要理解我们谈话的某些主题，便须知晓1988年的三种情况。首先，历史学在当时仍然是社会科学中最具人气和最为抢眼的学科。这不仅由于一些史学大师的著作成为畅销书，还由于一些多卷本工程大获成功，其中包括菲利普·阿利埃斯（Philippe Ariès）和乔治·杜比主编，瑟伊出版社（Seuil）1985—1987年出版的5卷本《私人生活史》（Histoire de la vie privée），以及我有幸和亨利-让·马丁（Henri-Jean Martin）一同主编的部头略小的《法国出版史》（Histoire de l'édition française），该书的4卷本由普罗莫第出版社（Promodis）于1982—1986年出版。这些多卷本大部头著作不仅让法国出版商充满信心，还拥有不少翻译版权的买家。

另外，当时的法国历史学家至少在精神方面已开始脱离曾使《年鉴》杂志享有统治地位的那些分析原则，即注重对史料大量收集、量化处理和系列组合。《年鉴》杂志的传统遭到了来

---

〔1〕 这家出版社1996年刚建立时出版了布尔迪厄的《关于电视》（Sur la télévision），后来又出版了他的《防火墙》（Contre-feux）(1998)和《防火墙二，催生欧洲社会运动》（Contre-feux 2. Pour un mouvement social européen）(2001)。

自外部和内部的质疑。外部的质疑有意大利微观史学的命题；内部的质疑表现为它的理解模式产生裂痕，并促使其他研究方式应运而生。这些研究方式所强调的是集体表象而不是客观分类，是个别把握而不是统计分类，是有意识的运筹而不是无人知晓的限定因素。由此，在应当继续突出系列和结构还是应当注重行动者，在历史学家操作的范畴与历史行动者本人的语言之间存在差异还是类同等问题上，史学界展开了辩论。布尔迪厄可能会觉得这些辩论没有多大价值。

最后，当时的历史学已开始羞怯地对自身提出疑问。保罗·韦纳、米歇尔·德塞尔托和保罗·利科等人撰写的几部重要著作[1]揭示出该学科的求知意图与其写作所需的叙述形式之间存在的矛盾。当然，这些著作的思维方式与布尔迪厄的还相距甚远。即便不是整个史学界，至少有相当多的历史学家认为，这种现象也动摇了传统信念，并强力激发他们去思考历史学的科学性基础，或像布尔迪厄研究福楼拜那样，反过来思考

---

[1] Paul Veyne, *Comment on écrit l'histoire. Essai d'épistémologie*, Seuil, 1971; Michel de Certeau, *L'Écriture de l'histoire*, Gallimard, 1975; Paul Ricœur, *Temps et récit* (I–III), Seuil, 1983–1985.

虚构的认知能力。[1]

因此，我们之间的对话可以表明布尔迪厄与历史学和历史学家在某一时期的关系。布尔迪厄的批评十分尖锐，他责备历史学家将他们的分析范畴过分地普遍化，没有深入探索区划和分层的社会历史建构，并时常将它们视为自然之物。但与此同时，布尔迪厄也对法国和外国一些历史学家的研究表达了尊重。这些研究被大量收入《社会科学研究学报》[2]或他在午夜

---

[1] 我对莫里哀（Molière）的《乔治·唐丹》（George Dandin）的研究就是在这种前景下进行的。这项研究在我们的对话中曾被提及，后来并得以发表，参见"George Dandin, ou le social en représentation", *Annales. Histoire, sciences sociales*, 1994, pp. 407—418。

[2] 1988年前，在《社会科学研究学报》（*Actes de la recherche en sciences sociales*）发表论著的外国历史学家和艺术史专家有斯韦特兰娜·阿尔珀斯（Svetlana Alpers）、迈克尔·巴克森德尔（Michael Baxandall）、弗朗西斯·哈斯克尔（Francis Haskell）、达里奥·甘博尼（Dario Gamboni）、恩里科·卡斯泰尔诺沃（Enrico Castelnuovo）、卡洛·金茨堡、爱德华·汤普森（Edward Thompson）、艾瑞克·霍布斯鲍姆（Eric Hobsbawm）、罗伯特·达恩顿（Robert Darnton）、卡尔·休斯克（Carl Schorske）和戴维·萨比恩（David Sabean），法国历史学家有莫里斯·阿居隆（Maurice Agulhon）、克里斯托夫·夏尔（Christophe Charle）、多米尼克·朱利亚（Dominique Julia）、吕塞特·勒范勒梅勒（Lucette Le Van-Lemesle）和热拉尔·努瓦里埃尔。

出版社主持的《同感》丛书[1]。在我们这次对话之前，我本人也在《社会科学研究学报》发表了一篇文章[2]，并与布尔迪厄就阅读史和文化史问题进行过两次对话[3]。

在纪念法国大革命200周年之际，历史学家的论战日益

---

[1] 该丛书包括：Erwin Panofsky, *Architecture gothique et pensée scolastique*, 该书前半部分为 *L'Abbé Suger à Saint-Denis*，1967年由皮埃尔·布尔迪厄译成法文并作序；François Furet et Jacques Ozouf, *Lire et écrire. L'alphabétisation des Français de Calvin à Jules Ferry*, 1977；François de Dainville, *L'Éducation des Jésuites (XVIe-XVIIIe siècles)*, 1978，附有玛丽－马德莱娜·孔佩尔（Marie-Madeleine Compère）汇编文献和序言；Alain Viala, *Naissance de l'écrivain. Sociologie de la littérature à l'âge classique*, 1985；还有两本书虽不属于史学著作，但却对该学科具有十分重要的意义，即由让－克洛德·帕斯龙（Jean-Claude Passeron）作序的 Richard Hoggart, *La Culture du pauvre. Étude sur le style de vie des classes populaires en Angleterre*, 1957，以及由让·巴赞（Jean Bazin）和阿尔邦·班萨（Alban Bensa）翻译和作序的 Jack Goody, *La Raison graphique. La domestication de la pensée sauvage*, 1978。

[2] Roger Chartier, "Science sociale et découpage régional. Note sur deux débats (1820-1920)", *ARSS*, novembre 1980, n° 35, pp. 27-36.

[3] Pierre Bourdieu et Roger Chartier, "La lecture: une pratique culturelle", in *Pratiques de la lecture*, sous la direction de Roger Chartier et à l'initiative d'Alain Paire, Rivages, 1985, pp. 217-239（此次对话是1982年9月18日在圣马克西曼当代交流中心进行的，并于1982年12月7日在法国文化广播电台《对话》栏目中播出）; et Pierre Bourdieu, Roger Chartier et Robert Darnton, "Dialogue à propos de l'histoire culturelle", *ARSS*, septembre 1985, n° 59, pp. 86-93。

激烈。有人主张恢复政治和个人的至上地位，民族史也开始风行一时。这些现象导致布尔迪厄对历史学和历史学家提出了严厉批评。他在 1995 年与德国历史学家卢茨·拉斐尔（Lutz Raphael）的谈话[1]中也反映出这一点。布尔迪厄此时的语气已不同于 1988 年，除个别人外，他对几乎所有历史学家都予以不留情面的抨击，在谈话中谴责整个历史学界（至少是法国的）拒绝任何批判性反思，热衷于虚假的对立关系，受到有害哲学的诱惑，对社会科学的经典一无所知，只注重空谈认识论而忽略有助于真正理论思考的研究实践。无论上述严厉看法是有道理的还是不公平的，是有针对性的还是以偏概全的，它已不同于布尔迪厄在 1988 年与我交谈时的那种友善的批评语气了。正因为如此，重温这些对话的珍贵时光令我十分欣慰。最初，由于言语刻薄和缺乏理解等，我们的对话一度受阻，但后来又得以恢复和继续。对我而言，在《星期一史学》栏目中与布尔迪厄的多次对谈永远是令人愉快的回忆。10 年前，这些交流在严谨而平和的气氛中徐徐展开，例如在关于《帕斯卡尔式的沉

---

〔1〕 Pierre Bourdieu, "Sur les rapports entre la sociologie et l'histoire en Allemagne et en France. Entretien avec Lutz Raphael", *ARSS*, mars 1995, n° 106/107, pp. 108—122.

思》的谈话中，布尔迪厄表达了对巴黎高等师范学院的同窗兼好友路易·马兰的深切怀念；[1] 在与阿莱特·法尔热（Arlette Farge）就《男性统治》一书的对话中，他还谈到一个美妙的神秘现象，即社会世界的铁律有时会被打破并让不期而遇的邂逅施展魅力。[2]

然而，除了欢快，我与布尔迪厄的5场对话中也出现过焦虑不安。布尔迪厄表现出焦虑不安是由于他竭力想搞明白这两点：他的分析为何会遇到猛烈的抵抗，而且这些抵抗不仅来自他的敌手；社会学家对大学或整个社会等社会空间的研究为何会遭受特殊的压力。按布尔迪厄的话说，"作为本土学者"的社会学家与这些社会空间存在利害关系。因此他认为，这就向社会学提出了十分艰巨又不可推卸的任务：驱散那些令人安心的认知迷雾，以破除幻想为代价来换取对统治与奴役机制更清晰的理解。布尔迪厄强调说，"社会学家是令人难以容忍的"，对其他人和对其自身而言都是如此，因为社会学家的分析对象正是他所处的社会场域。我们在布尔迪厄以后的言论中还会感受

---

[1]　《星期一史学》，1997年5月12日播放的节目。

[2]　《星期一史学》，1998年10月19日播放的节目。

到这种处境造成的"精神分裂症"之痛（布尔迪厄语）。这种处境在社会科学中是独一无二的，即生产知识的主体同时也是被认识的对象。

社会学研究导致的这种难以承受的自我分裂同样体现在奠定社会学研究的"理性乌托邦主义"的基础方面。实际上，只有揭示束缚社会世界行动者（包括社会学家）的决定论，才能实现对虚幻外表和骗人假象的批判，才能松开约束，使每个人都可能"成为自身思想的主体"，即便不是所有人都能做到这一点。只要不陷入虚假的对立关系（例如个人与社会、一致与冲突、结构的客观性与行动者的主观性），社会学家的研究就能提出自卫机制，以抗拒似乎由事物和统治的固有秩序所强加的东西。

皮埃尔·布尔迪厄因自己的责任而寝食难安。这种心境既解释了他的执着，也揭示了他的苦恼。这些对话将尽力再现他富于激情的言语，所以人们也能从中看到他对知识的信赖。在他看来，唯有知识能使当今世界少些不可抗拒性，也不至于太令人失望。

罗杰·夏蒂埃

巴黎，2009 年 11 月 24 日

以下文本源自法国文化广播电台 1987 年 12 月 7—8 日录制，1988 年 2 月 1—5 日在《名人直白》栏目中播出的 5 期节目。该节目的制作助理是玛丽－安德烈·阿米诺·迪沙特莱（Marie-Andrée Armynot du Châtelet）。皮埃尔·布尔迪厄在 2002 年 1 月 23 日突然去世后，该电台于 2002 年 1 月 28 日至 2 月 1 日重播了上述节目。

对话一

社会学家的职业
Le métier de sociologue

罗杰·夏蒂埃：当个社会学家似乎是件不大容易的事，你的研究问世后，它受到的口诛笔伐令人感到吃惊。好像毕竟二者必居其一：社会学的职能到底是动员群众，还是让"比扬古"[1]失望？社会学怎么能既是一本让人难以读懂的复杂"天书"，又能够传达特别明确、在有些人看来是彻底颠覆性的启示呢？社会学是否像人们有时感觉的那样，有意成为一门主导性科学和知识中的知识？然而，你却用自己的所有著作彻底解构了这门学科。我们的第一场对话似乎可以从这些矛盾谈起。因为这些对话的根本目的在于阐明一系列基本问题，例如什么是社会学，什么是社会学家，应当如何看待社会学与其他学科的关系。因为包括我们历史学在内的其他学科都把社会学视为令人不安的百变怪兽，并与它处于交锋状态。

---

[1] Billancourt，巴黎西部地名，是雷诺汽车制造厂所在地，在法语中常作为"工人阶级"或"无产阶级"的代名词。——译者注

皮埃尔·布尔迪厄：的确，我想社会学是制造了不少麻烦。作为社会学家，我有些遭受围攻的感觉，然而这些攻击的内在矛盾却又抵消了我的这种感觉。我尤其认为，至少在政治上对社会学的谴责具有矛盾性。因此，这些指责有助于社会学的生存。总之，我承认社会学有时不太好相处。

罗杰·夏蒂埃：是的，因为人们的印象是：这个学科在致力于反观社会世界的同时，也把从事反观者归入它正在描述的场域之中。从这个意义上讲，社会学是不容易相处的，这不仅由于它所反映的他人形象往往令他们难以接受，还因为它把造就其自身的人也作为分析对象。

皮埃尔·布尔迪厄：的确，我也体验过这样的处境。当我要向非社会学家和非专业人士谈社会学时，我总面临着两种策略选择。第一种是把社会学说成一种与历史学和哲学类似的学术性学科。在这种情况下，我会得到听众的好评，但这种好评仅仅是学术性的。我的第二种策略是运用社会学的特殊功效，也就是把听众置于自我分析的境况下。我知道，在这种情况下，我会使自己成为在场人士的替罪羊。两年前，我在布鲁塞尔音乐堂便有过一次这样的经历。[1]"布鲁塞尔音乐堂之友"协会的一位负责人向我发出邀请。他非常客气但有些幼稚地让我去讲讲我对艺术和音乐社会学等问题的观点和看法。我清楚地记得，直到最后时刻，即当晚我们开车出发时，我还对他说："您可能没意识到，您对我做了件可怕的事，这会导致一场悲剧。将会有意外事件发生，我会遭到辱骂。"然而他却以为这是我上台演讲前惯有的怯场表现。后来，我所担心的事情果然发生了：这成为一场名副其实的突发事件。在一个多星期里，它成了布鲁塞尔知识界的唯一话题。我的一位朋友听到一个参加此次活动的人说，自超现实主义者出现以来，他从未听到过如此激烈和不同寻常的辩论。然而，我当时所讲的完全是些无足轻重、温和委婉和无关痛痒的内容。我事先已采取了防范措施：就像在法兰西学院那样，我在听众中盯准了一个穿着讲究、将手包放在双膝上的老妇人。我特别留意不能在任何

---

[1] 我们没有查到此次在布鲁塞尔演讲的日期和题目，但估计其主题类似于 "Bourdieu attaque. Deux doigts de Ravel. Entretien avec Cyril Huvé", *Le Monde de la musique*, 6 décembre 1978, pp. 30—31（同前引文献 *Questions de sociologie*, pp. 155—160）。

一刻引起反感,因此我尽可能地使措辞更加婉转。尽管如此,我还是认为,社会学之所以会伤害人是因为社会学的"真理"太过强烈了。我说的真理是带引号的。这种真理会使人痛苦,而人们为了摆脱这种痛苦,便会将其回敬给看似引发这一痛苦的人。

罗杰·夏蒂埃:这就是社会学与历史学的不同,历史学谈论的是死人。人种学和人类学大概也不同于社会学。除特殊情况外,人种学和人类学所描述的对象很少会与涉及他们的论说发生对质。

皮埃尔·布尔迪厄:关于这个问题,我还想举个事例作为回应,这是个挺可笑的故事。我在法兰西学院有个同事,他也是法兰西学会的著名成员。他告诉我,我的研究引起了法兰西学会某些成员的不满,甚至是明确的抵制。在我的研究中,最使人反感的是一篇文章——《教师知性范畴》("Les catégories de l'entendement professoral"),其中有很多讽刺。有些东西我时常是笑着写出来的,可惜没有符号能表示书面的笑,这是书写符号方面的一大缺陷。这是些题外的话。总之,我使用了"教师知性范畴"这个标题。在这篇文章中,我一方面分析了费奈隆中学高等师范学院文科预备班的一名教师给学生作文的评语,另一方面分析了高等师范学院历届毕业生的讣告。那位搞埃及学的名人同事对我说:"你要知道,你毕竟把讣告当成了分析对象。"我对他说:"亲爱的同事,你怎么能这样说呢?你的分析对象除了讣告还会是什么?"我觉得,这使人清楚地看到社会学与历史学的差别。许多事情若是由历史学家来做便是理所当然的,甚至被视为英雄壮举:譬如,一个历史学家揭示了某位历史人物与另一个人的隐匿关系,即我们所说的私人交情,人们便会赞扬他,认为这是一大发现。但若换成了我,哪怕我只发表了十分之一的相关研究来揭示大学领域,即学术场域的运作,也会被人们视为可怕的泄密者。另外,我觉得时间上的差距可起到抵消作用,大家都明白这一点。对于社会学而言,我们总是置身于难以解决的争论之中,我们讨论的是活生生的事物,而不是死亡的和埋入地下的东西。

罗杰·夏蒂埃: 正因为如此,我们想把知识活动的政治效用作为第一场对话的主题,并通过社会学的情况来表明法国知识舞台上的知识分子形象是如何变化的。总的来说，以前的知识分子在社会宏观层面具有先知、救世主和揭露者的形象，二战后的萨特也许是这类论说的象征。但现在他们正转向另一类工作。福柯（Foucault）有句话给我的印象很深，他说他的工作就是剥去一些显然事物和公认概念的鳞片。我们感到，你和福柯有很多近似性。你难道不会也采用这种说法？

皮埃尔·布尔迪厄：完全会的。我认为在这一点上我们是完全一致的。萨特最能代表我所称的"整体性知识分子"，即承担先知角色的知识分子。但我们应当抛弃这一伟大形象。马克斯·韦伯（Max Weber）说，先知是对生与死等整体性问题做出整体性解答的人。从严格意义上讲，以萨特为化身的哲学家是位先知人物。也就是说，他对存在、生命、政治等方面的问题做出了全盘解答。对我们这一代人而言，吹捧萨特是很难设想的，原因之一是我们对这种整体性角色感到不堪重负和厌倦。借用马尔罗（Malraux）的话说，我们不想付出"绝对的货币"。这即是说，我们已不能回答一切问题，而应当回答那些刻意确定的局部问题，但须对其做出完整的答复，即在知识工具的现有条件下尽可能完整的答复。我觉得，对知识活动的最小化重新定义,这种做法非常重要,因为它有助于提高科学和政治的严肃性。

关于福柯,我还想说的是,我认为科学应当具有战斗性,但这绝不意味着"介入"。我认为,无论它是否知晓和是否愿意,社会科学都要回答一些极其重要的问题。无论如何,社会科学都会提出普通社会世界出现的问题,但它有责任更好地提出问题,例如应超过记者群体、评论界和伪科学界反映这些问题的方式。

罗杰·夏蒂埃:你动用了科学概念,这是否会让你处于危险境地?我读过一篇文章,上面用"新式日丹诺夫主义"[1]来评价你。在对科学进行定义时,怎样才不会堕入从"科学角度"和"制度角度"辨别科学与非科学的积习?我之所以说"制度

---

[1] 安德烈·日丹诺夫(Andreï Jdanov,1896—1948)是20世纪40年代苏联主要领导人之一。作为一种理论,日丹诺夫主义主张艺术和科学服从于斯大林时期共产党的思想和政治目标。该理论尤其认为,科学知识中也贯穿着阶级斗争,并宣扬"无产阶级科学"(进步的)与"资产阶级科学"(反动的)之间的对立。

角度"，是因为曾有个权威部门专门负责这种辨别定论。

皮埃尔·布尔迪厄： 的确如此。我认为，这就是我本人或我的行动意图与许多同代人之间存在的莫大误会之一。我的这些同代人正是在日丹诺夫主义时代开始体验知识和政治生活的。他们在当时是日丹诺夫的拥护者，而我却是日丹诺夫的反对者。我觉得这是个十分重要的分野。他们认为，今天的社会学研究是斯大林主义时期假冒科学之举的再现。尤其是，我从来不认同并坚决反对将科学与意识形态分割开。后来，这种神秘的分割被哲学家们重新拾起来，而科学家和研究者却从不这样做，此种情况并非偶然。这种分割的功能与我们在宗教和天启论中看到的完全一样，它能够实现神圣与世俗的分离，即把神人和先知与俗人区分开。我觉得这是很可憎的。我认为，人们有充分的理由谈论科学，即便我们的科学才发轫，刚刚起步，处于摸索阶段。无论如何，历史学家、人种学家、社会学家和经济学家的科学探索与哲学家等人的所作所为之间存在着性质上的差别。我们的研究是为了让别人能够证实或证伪。

我在广播电台的一次经历也值得一提。一天，我与列维–

勒布瓦耶（Lévy-Leboyer）讨论他写的关于雇主的新书[1]。不久前我也写了一篇有关雇主的文章。我记不清当时是在直播中还是在非公开场合，他见面后便对我说："亲爱的同事，我看了你的调查并采用了你的数据。我重新进行了统计，但我的结论和你并不一致。"我回答说："这怎么可能呢？你是怎样做的？"他说："啊，对了，我没有把银行家算进去。"于是我对他说："这显然是我们结论不一致的原因所在。"接下来，我们讨论了研究对象的建构问题，即雇主研究是否应把银行家排除在外。这是个科学讨论的问题。这样一来，他可以重新进行统计并得到和我一致的结果了。这种事情似乎促使我谈起了科学。当然，我所说的"科学"意味着人们可以用科学论据对我提出反驳。然而，时至今日，这种科学仍有待实现。

我在此谈到这些是因为我对此难以释怀：时至今日，我总是遭到攻击，却从未遇到过严格意义上的反驳。令我感到悲伤的原因之一是，我在法国的知识场域中有众多的敌人，但却没有遇到对手，即没有人在做过必要的研究后对我提出反驳。我

---

[1] Maurice Lévy-Leboyer (dir.), *Le Patronat de la seconde industrialisation*, "Cahiers du *Mouvement social*", n° 4, Éditions ouvrières, 1979.

知道，有人听到这些话会对我说："你太专断了，因为你是不容反驳的。"实际并非如此，要想反驳我，只需早点起床，努力工作便可。我这么说似乎有些狂妄，然而……

罗杰·夏蒂埃：不，不，我们不能厌弃我们的任务。让我们回到刚才的起点。我觉得，用福柯的话说，你的研究旨在剥去确实性的鳞片。你在《社会学问题》中有一句话大概是这样说的："要破除言语和心理的自动性"，对社会世界看似理所当然的事物提出质疑。这表明显然事物的固有方式发生了断裂，"这不可能是别样的，这是历来如此的……"等说法不再有效。我认为，你在研究中最尖锐的做法是指出显然事物历来是在赌注和力量对比的基础上建构的。从这种观点出发，除社会学家外，历史学家和其他人应当和你建立起既认同又批评、既保持距离又相互尊重的关系，并会从你的工作中获益。我觉得这便是我们相互对话的意义所在。我认为，你为确实性剥鳞片的最先做法之一是对界限、分野和区划提出质疑。有人将它们视为固有的，而实际上它们向来是由社会建构的。我们可以说，你在这方面开了先河，因为历史学家们目前也在似乎理所当然的范畴方面展开了交锋。我来举一些例子。人们都认为青年与老年的分野是自然形成的。从生物学上讲，的确有青年人和老年人之分。区域之间的分界也是一样的，行政和国土的清晰界限将法国分成了南部和北部。在社会群体方面，法国国家统计及经济研究所和其他机构提出的客观类别造成了中等阶层、雇主阶层、工薪阶层等分类。你认为，对这些所谓"客观"的划分，应当从其形成的历史原动力中去理解。应当永远思考这样的问题：为什么会形成如此的而不是其他的划分？这种划分对什么和对谁更为有利？

皮埃尔·布尔迪厄： 对，你说的这些我完全赞成。我认为，我的研究成果之一就是将科学的目光转向了科学本身，例如我把职业的划分作为分析对象而不是不假思索地利用它们。所以，当有人将这种成果扣上教条主义和恐怖主义等帽子时，我总是会感到非常诧异。我认为，我们有世界上最强的历史学派，这并不只是口头上的恭维。但奇怪的是，历史学家们在运用范畴时往往表现出离奇的天真。我随便举个例子：如果认识不到医生的概念是个不断变化的历史建构，便不能用纵向统计来比较18世纪至今的医生地位。用于建构历史对象的范畴本身也应成为历史分析的对象。

我们用于谈论现实的字眼也是如此。例如,"政治"一词完全是在历史中建构的概念,而且是最近才形成的。被我称作政治场域的领域基本上属于19世纪的发明。这个问题我们可以讨论,我不想班门弄斧,因为我面对的是一个很厉害的历史学家。但我认为,我们用来思考历史的所有观念、词汇、概念都是在历史中建构的。而奇怪的是,历史学家所犯的时代错误无疑是最多的。因为,或是为了追求现代感,或是想使研究显得更有趣,或是由于麻痹大意,他们用当今通行的词语来阐述历史现实,而这些词语在当时尚未出现或另具他义。因此我认为,这种反观性是极为重要的。

罗杰·夏蒂埃:你刚才所谈到的历时性,即长期性,也适用于当今社会世界。同样的词语会被不同的群体和社会各界使用,并产生不同的含义。使用具有假定普遍性和不变性的范畴,这种唯名论的陷阱之一是掩盖对象的建构过程和历史差异。

还是以政治为例。我觉得首先应当表明,给政治下定义为何是世界上最难达成一致的事情。这也是造成统计学家或职业民意测验者与你产生对立的原因之一。因为你对整天向我们灌输的民意测验的确切性提出疑问,并指出不予回答也表示某种含义，从不同社会场域做出的同样回答也会有截然不同的含义。

皮埃尔·布尔迪厄：是的，历史学家所犯的时代错误体现在社会学家身上便是类别中心论，也就是说，他们倾向于把个别情况普遍化：把自己的思想范畴、分类系统和自己对男人与女人、热与冷、干燥与湿润、上层与下层、统治阶级与被统治阶级的划分普遍化。这一方面会造成时代错误，另一方面会导致类别中心主义。总之，这都表现为不对自身的检验系统提出检验。

由此，我再回到我的文章《教师知性范畴》。实际上，如果说我有一种理论模式，这便是康德的模式，即反观性地批判自己用于思考现实的工具。我认为，《教师知性范畴》一文是对此最好的说明。我在文章中试图确定教师对学生作业的评价和对已故同事的评价有何不同。它们实际上是一样的。教师们在评价一本书时也使用这些感知范畴，他们还会无意识地以此来阅读我分析该范畴的著作。例如，有人会说，社会学的阅读障碍之一在于社会学的粗俗性。（我这里借用西塞罗的古老术语，他称之为"平民哲学"[*philosophia plebeia*]。）社会学之所以粗俗，并非因其研究平民，而是因其位于科学等级体系的最底层。社会学确实比其他学科更常以平民为研究对象，我们在下面还会谈到这一点。然而我认为，这些深入人心的思想范畴与学校系统中的学科等级有关。在这个系统中，数学等纯学科要"高"于化学等非纯学科，更不必说地质学了；同样，哲学的地位也比地理学的"高"。

罗杰·夏蒂埃：历史学处于这两者之间。

皮埃尔·布尔迪厄：对，历史学处于中间位置。这种对立已极端结构化，它甚至决定着人们在撰写和发表著作方面的选择。越是有抱负的，即社会出身越显赫的人，越是学业有成的人，便越会搞些全球性、普遍性、理论性的广阔题材。知识分子本应揭示所有这些，但实际上这些却操纵着知识分子的思想。要是有人揭露出所有这些，即使他是出于自我约束而不是刁难他人，他也会造成麻烦。这几乎是必然的。

罗杰·夏蒂埃：我想说的是，他还会给自己造成麻烦，因为写作也成为一件压力巨大和极为复杂的事情了。词语可以一直不变,但其概念却是随着年代或社会,并以极其多样的方式不断建构的。如果按照你所说的,要从历史学家的角度思考词语与概念之间的对立,人们应当怎样做呢?有几种可能的选择,但我认为其中任何一种都不能完全令人满意。一种做法是重复行动者本人的语言:法国历史学派中有人曾尝试用当时人物的范畴和词汇来撰写历史。另一种做法是翻译转化,即把一切从一个时代搬到另一个时代:为了使读者理解古罗马世界,表明它与当代世界截然不同,保罗·韦纳(Paul Veyne)便把古罗马世界的一切都翻译转化过来。他正是想通过这种生硬和奇特的熟悉效应来表现两个世界的差异。还有一种做法是把特定时期在特殊历史情况下产生的概念用于更古老的其他现实,其目的在于检验这种概念,也在于以更强烈的方式展现这些古老现实。

我举个《私人生活史》的例子。这本书由杜比和阿利埃斯主编,可惜后者现已去世。很显然,"私生活"的概念并不是中世纪或 16 世纪时的概念。这一概念的定义或是出自更早的罗马法,或是出自后来盎格鲁-撒克逊世界的"隐私"(privacy)概念,是指 19 世纪主要体现在家庭情感上的小范围亲密。尽管私生活的概念在很多情况下与年代不符,这些历史学家还是决心赌一把,即把这一概念用于一个很长的时期,并试图检验一下用新的方式来理解的历史现实,同时也检验和展示一下这一概念的适用性的限度。但在上述各种情况下,做出选择都是十分艰难的。我猜想,研究当代社会世界的社会学家也会面临同样的情况。在你和其他社会学家的著作中,人们所感到的矛盾性、复杂性,乃至晦涩大概就是这种困难造成的。词汇是我们从某一历史时刻继承下来的。人们如何才能意识到看似稳定的词汇中出现的变化?

皮埃尔·布尔迪厄: 是的,作为社会学家,我当然完全赞同你这位历史学家说的这些话。人们时常会把过去与现在对立起来。现在并不是时间上的当下,而是有足够活力的斗争焦点。例如,法国大革命目前便很有现实感。而我们社会学家总是置身于活的事物中,我们谈论的总是斗争焦点。而我们在谈论议题时所用的词语本身也是斗争的焦点,政治行动者对这些词语的使用不尽相同。政治斗争的原则之一是为共同的口号而斗争:谁是共和派?大家都是共和派;在竞选期间还会提出共和派的纪律、共和派的团结等等。所有人都处于中心地位……总之,人们知道,有些词语在斗争中具有价值是由于它们是斗争的焦点。对我们而言,就是要在我称为"场域"的所有领域谈论这些斗争。这些场域是人们从事各种竞赛的小型竞技场,可分为科学场域、政治场域、历史学家的场域、社会学家的场域等等。在上述各个领域中都有人们为之而战斗的关键词。

怎样才能描述所有这些呢?当然有一种工具,就是引号。巴舍拉尔(Bachelard)说:"科学就是引号。"这种精彩的说法是针对自然科学的,但更加适用于社会科学。我也说同样的话,但又要让人感到不是我在说,我要保持客观化的距离。这样做会使人产生误会。例如当我说"被统治阶级更喜欢黛莉达[1]"时,人们会认为我是这样想的。我这个例子选得不好,可能应当举更恰当的例子。社会学家的日常工作就是把价值判断作为事实记录下来。例如,我在文化领域记录的事实是:有些文化作品比其他作品更具正当性,而这些作品往往是我所喜欢的。尽管如此,我并没有做出价值判断。我对人们说:在学校这个评价体系中,如果你们写出一篇对黛莉达的赞颂辞便

---

[1] 黛莉达(Dalida,1933—1987),法国著名女歌星,生于埃及,意大利人,后加入法国籍。生前共发行唱片1.25亿张。——译者注

会得零分；而如果你们写出一篇对约翰－塞巴斯蒂安·巴赫（Jean-Sébastien Bach）的拙劣赞颂辞便会获得中等分数。这便是社会现实，而人们却并不理解这些。这就是与引号相关的距离点之一。另外，写作的问题也是一种噩梦，我经常遇到麻烦，因为人们认为我将某种正统论强加于人……

如果还有点时间，我想说的是，根据我对精神分裂症的了解，社会学家与其研究和写作的关系完全符合人们对精神分裂症的描述。人们应当说些东西或做些事情，而当他们说话或做事时却不承认自己所说的和所做的，另外还说自己不会去做刚刚许诺的事，等等。换句话说，一系列话语层次使语言变得难以表达，以至于我所做的部分工作被人概括为马克思主义的一句口号："占统治地位的文化是统治阶级的文化。"实际上，我的全部研究都反对这句话已经表达和没能表达的意思。与此同时，我的研究并不认为这句话是无效的，因为它所说的大致是正确的，但这种正确性若无限放大便会成为谬误。我们对"意识形态"的概念也可以做同样的分析。意识形态的概念显然是一种斗争工具：意识形态是他人的科学，是他人的思想，等等。与此同时，能够指出哪里有意识形态，即某人为将自身地位合法化而制造的论说，这已经是很重要的学术成就了。总之，我 90% 的研究都是反对意识形态概念的。有人将符号权力、符号统治、误识等等视为一大堆复杂术语。我对这些问题的研究对于保持分隔是必要的，这项成果也与原本的、战斗性的马克思主义相关。我们应当既有保持又有摧毁，因此需要在运用语言和建构语句方面付出极大努力。这种话语所携带的元话语不断告诫人们："要留心你阅读的东西。"然而可惜的是，我从当代人那里并没有获得我所期待的阅读。我绝不会从报刊撰稿人那里获得这种解读。

对话二

幻觉与知识

Illusions et connaissance

罗杰·夏蒂埃：你的《社会学问题》一书中有这样一句话："在认识必然性方面的每一步进展都会推进可能的自由。"我觉得，我们的第二次交流可以从这句话开始。这次对话的主题也是你在研究中提出的，即与知识分子传统角色的另一种决裂。我们可以说，在很长时间里，知识分子的角色就是迫使被统治者接受关于他们处境的论说，也就是强迫被统治阶级接受一种他们自己不会建构而由别人为其设计的论说。你的观点颇具启发性，它能使人在社会学之外的领域展开思考。我认为，你提出了一种截然不同的设想，它旨在向人们提供拆除统治机制的工具。这种统治的运作与天然的、正常的和根深蒂固的分隔并无二致。你的设想主张个人重新掌握自身，这似乎与你的研究给人的一贯印象相反。人们普遍认为你的研究是揭露强制，而这种强制是令人无法反抗的，它将个人碾碎并不给其任何地位。

皮埃尔·布尔迪厄：我想用一句话来回应你刚才所说的，

这就是：我们生来便受到限定，我们只有很少的机会获得最终的自由；我们在非思维中诞生，我们只有一丝希望成为主体。对于那些大肆宣扬自由、主体、个人等口号的人，我要责备他们把社会行动者封闭在自由的幻觉中。这实际上是决定论的一种表现手法。另外，在所有社会类别中，最倾向于自由幻觉的便是知识分子。提出这个社会学悖论无疑也是我的研究令知识分子恼怒的原因之一。从这个意义上讲，无论人们如何赞扬萨特，他终归是个知识分子的思想家。正如曼海姆（Mannheim）所说，他维持了"无所依附"的知识分子的幻觉，即相信知识分子能够掌控其自身真理的自我意识幻觉。我认为，有些人疯狂排斥社会学，并谴责社会学"对哲学的仇恨"，这表明他们对知识分子被各种特殊决定论所束缚的状况视而不见。这些决定论涉及思想范畴、精神结构、附着现象和大学依附。大学依附往往比政治依附更具歪曲作用。我认为，大学教师受学术利益驱动的程度远高于政治利益。换句话说，谁占有了思想工具和思想对象，谁就能在一定程度上成为自身思想的主体。人们并非生来便是自身思想的主体，而是在重新认识决定论后才成为思想主体的。当然，其中还会有其他工具，例如心理分析，等等。我认为，在这方面，我所做的事情与人们对我的误解恰恰相反。

罗杰·夏蒂埃：是的，但人们是否尚未认识到这种可怕的悖论，即你为那些不能读你的书的人而写作，而读你的书的人却不想理解你？

皮埃尔·布尔迪厄：我认为，有人不能够理解我是因为他们不愿意理解我。刚才我提到过德吉的文本[1]，我认为"对哲学的仇恨"这部分内容带有某种悲怆之感。文化和分析会引发痛苦，这份文本便是阐述这种痛苦的经典文献。这里所说的分析是指社会分析：分析困扰所有文化人的文化关系。我能够体会德吉的所有痛苦。如果人们从头到尾读过《区隔》而不是将其压缩简化成荒谬的东西，他们便会发现我在后记中援引了普鲁斯特（Proust），我既提到了文化关系带来的特殊快乐，也提到了文化失望造成的特殊痛苦。普鲁斯特是个令人敬佩的社会学家，他在我之前便用自己的话说出了《区隔》所讲的话，但没有人能领会他的话。

---

[1] Michel Deguy, *Choses de la poésie et affaire culturelle*, Hachette, 1986.

罗杰·夏蒂埃：为什么《区隔》一书在1979年出版后，对你的研究加以排斥并压缩为几句口号的一整套机制便开始形成？你以前对学校体制的研究也遇到过赞同或批评，但却从未引发如此反应。人们可以质疑你提出的基本概念，例如"再生产"这一概念，也可以误解你得出的结论，但却不必对你大加谴责。你的研究创立了有关教育的历史社会学，并提出了这项研究的工具和方法。历史学家也能在不同于当代学校体制的建构基础上体验这些工具和方法。相反，《区隔》为什么引发了如此激烈的辩论？我用"辩论"一词似乎不大确切，因为这不是真正意义上的讨论，而是一种抨击。

皮埃尔·布尔迪厄：我觉得，我们社会中的文化是一块神圣之地：在包括知识分子在内的一些社会类别看来，文化宗教已成为表达最深层的信念和承诺的殿堂。例如，文化失态的耻辱感已等同于罪恶。我认为，这种与宗教的类比，完全可推向极致。然而，今天的宗教社会学分析，例如我对主教的研究，已不会触犯任何人，甚至包括主教。我的学生中便有杰出的主教，他们也能够写出或应当写出和我别无二致的论述主教的文章。但是，文化社会学却遇到了难以置信的反抗。如今，一个众所周知和无人否认的事实是：人们所信奉的宗教与他们在家庭中受到的宗教影响存在某种关联。在审视宗教客观化的研究时，人们不能否认宗教信仰父子相传的现象。这种传承一旦消失，宗教也会随之消失。所有的人都赞同这个论断。但当我们将这一论断用于文化时，便撤掉了文化人文化魅力的基石，即打破了笃信天赋的幻觉：我生来便有文化，这是一种奇迹。所有这些都说明我为何会遭到如此激烈的抵抗。这真是令人惊讶。

总之，我坚信社会学是一种以其他手段延展哲学的方式。如果我想赋予社会学一个光荣家谱，我会说第一位社会学家就是苏格拉底。哲学家们听了会暴跳如雷，因为他们把苏格拉底奉为自己的鼻祖。而实际上，的确是苏格拉底曾走上街头向人们提问，是他问一位雅典将军什么是勇敢，是他问虔诚的游叙弗伦（Euthyphron）何为虔诚，等等。在某种程度上，苏格拉底是在做社会调查。你刚才提到反对表象的斗争，苏格拉底就是长期与其对手，即与诡辩家做斗争的人。我如今的对手与他的对手类似。不，他们不是对手，而是敌人，总之是我在科学方面斗争的对象。这些诡辩家一方面宣扬虚假事物，让人们信以为真，另一方面又用辞藻迷雾掩盖事实的真相。

我把一个权威人物拉到自己一边,这并不是为了攫取一位崇高的先祖。因为我的所有研究都旨在反对那些"舆论术士"(doxosophes)。"舆论术士"一词是我从柏拉图那里借来的。这是个绝妙的名词:"doxa"同时具有"舆论""信仰""表象""外表"和"假象"等意思;而"sophos"是指行家里手。"舆论术士"既是研究表面的专家,也是表面的专家。我认为,生产民意测验的人无异于当今的诡辩家。他们向人们索取金钱、荣誉、物质利益、符号利益等等。诡辩家是要收钱的,而苏格拉底从不收钱。诡辩家们旨在制造社会世界的假象。其实大家都知道他们关于社会世界的表象是虚假的,但这种假象却拥有巨大的力量,它能对大家掩盖社会世界的某些真相。

其实我这里已涉及真正的答案:社会学家的难题就在于,他们试图说出任何人,尤其是其读者都不愿承认的东西。而且,有时这也使我对自己作为社会学家的合法性,以及科学研究的功能产生怀疑:是否应当说出社会世界的真相?一个自我了解的社会世界是否适于生存?我的回答是肯定的。我认为,如果实现了透明化,如果人们对文化、宗教和劳动等问题的本质有了更多了解,被马克思主义的伟大哀叹所遗忘的很多痛苦和苦难便会大大减轻,甚至被改变或完全消除。

罗杰·夏蒂埃：我们是不是离某种乌托邦主义不远了？在你的笔下好像有几次出现过这个词。实际上，怎样才能将这些工具公之于世，以使人们产生决定意识，从而让少量的自由占有一席之地？这样做会不会造成民粹主义的危险，即主张与所有直接知识或传承文化决裂，将理性分析工具赋予被统治阶级，让他们以此来清除、拆卸和解构现实本身？

皮埃尔·布尔迪厄：是的，但其中涉及两种情况：一种是民粹主义，另一种是清除性激进主义。这两者不一定总是相伴而存。关于民粹主义，我不认为自己有丝毫的暧昧。我对此还可以借用苏格拉底的隐喻：苏格拉底在进行询问时并不盲目相信人们的回答。社会学家都很清楚，人们做出的诚实回答不一定能反映事实真相。他们的工作就在于通过行为观察，以及发表言论和著作来建构复原真相的条件。有些蠢货总是以为老百姓的话要比其他人的更真实。实际上，老百姓最是受人统治的，他们尤其深受统治力量符号机制的控制。例如，有人以为只要把话筒递到一名矿工的嘴前就会收集到矿工的真实情况。这种做法在左派掌权时期很是时髦。实际上，他们所得到的只是30年一贯制的工会话语。当人们对农民这样做时，他们所收集的则是改头换面的小学老师的话语。因此,有人认为可以在知识分子或无产阶级的社会世界中找到发源地,这种想法曾是知识分子强化信心的秘诀,但其基础却是悲剧性的自我神话。除了聆听、询问和启发人们讲话外,社会学家还拥有批判任何话语的手段。这在行业内是很自然的事,但我认为外界并不了解这些。

下面谈另一个问题。社会学是一门破除习见(idées reçues)的科学。而且,社会学与福楼拜等人的写作十分相近。这种相似性是奇特的。但问题是人们并未意识到这一点,面对同样的做法,他们能够接受福楼拜的,但却反对布尔迪厄的……社会学这门破除习见的科学能否摆脱上述质疑?社会学旨在将任何事物客观化,它能否也将自身客观化?如果它将自身客观化,这是否会破坏自身的基础呢?这个论题由来已久,与社会科学一样古老,除了在中学毕业班和科学讨论中,我看没人敢在其他场合将它提出来。然而,人们毕竟应当回答这个论题:历史学家自身处于历史之中,历史科学是否存在?社会学家自身处于社会当中,社会科学是否存在?我认为这个论题是可以回答的,只是需要一些时间。我争取用两句话来说明。我认为,孕育社会学论说的空间本身就是社会空间,也是一个包含斗争和竞争的科学场域。同自然科学一样,寻求了解社会世界的人们通过相互斗争便能促进知识的进步。当然,这种斗争必须遵守规范对话最基本的规则,也就是不能不择手段,例如不允许用政治理由来否定科学论据。人们不能说一项科学定理是右派的就将其扼杀,然而人们却可以说一种社会学或历史学理论是右派的便将其扼杀。如果在一个相对独立、能够产生可验证的暂时性真理的科学场域,上述手法便不可能得逞。可惜的是,现在的情况并非如此。社会学家很难保证他们的领域免遭强词夺理的冲击。

罗杰·夏蒂埃:我提的问题大概不是高中毕业会考作文的论题……

皮埃尔·布尔迪厄:我所指的根本不是你,你很清楚这一点!(笑声)

罗杰·夏蒂埃:你是把英国社会学家理查德·霍加特(Richard Hoggart)的研究介绍到法国的人之一。他在20世纪50年代写了一本极好的书,即《穷人的文化》(*La Culture du* *pauvre*）[1]。他力图表明：报刊、电视、广播等大众传媒散布主导话语，但这些信息的受众并非处于完全受控和湮灭状态。他们对上述信息始终保持着译文中所说的"斜向关注"（attention oblique）或"断续参与"（adhésion à éclipses）。社会学家的批判论说试图提供一些工具，以使最受压迫和最贫困者重新掌握自己的命运。难道你不认为，这些工具也会被视为外来投射物，并同样受到断续参与和斜向关注吗？也就是说，对统治条件的批判难道不会成为统治的组成部分吗？上述怀疑和防御态度促成了对社会世界的自发认识。这种自发认识如何能充满批判性思考并掌握摆脱社会决定论的理论工具呢？

皮埃尔·布尔迪厄：实际上，其中同样涉及两个问题。我认为社会学，至少是我心目中的社会学，能够生产出抵抗符号侵犯、符号操作，即抵抗职业的话语生产者的自卫工具。我曾多次讲过，社会学家一定不能指望符号生产者，也就是记者、主教、教授、哲学家，以及所有以发表言论和谈论社会世界为职业的人。因为社会学家的很大一部分工作在于让人们警惕关

---

〔1〕 英文原书为 *The Uses of Literacy*（《识字的用途》）。

于社会世界的惯常论说和自作聪明者的话语。但问题在于，作为符号柔道的教授，社会学家生产的"自卫"工具遭到了其使用者的拦截。可以说，社会学已成为广告业和营销学的一部分……

例如，我们可以对一场电视竞选晚会做出犀利的分析，这种分析也许不能发表，因为它会被视为罪恶的破坏行为：在这种场合，先是政治学教授评论记者，然后是记者评论政治家，他们论战的目的不是说服别人，而是超越前面的发言者，使自己处于元话语地位。我要用一个十分有趣的类比，这是凯洛格研究猴子的一项著名试验[1]。有一天，他把一根香蕉悬吊在一般猴子够不着的高处。猴子们都试图跳着去取。后来，最机灵的猴子苏丹在其雌性伴侣中抓住一只小母猴，然后站到它身上并抓到了香蕉。于是，所有猴子都抬起一条腿，试图站到别的猴子身上。但却没有猴子再愿意让其他猴子站到自己身上了。由于猴子们都明白了不应当让其他猴子站到自己身上，所以便没有猴子愿意在下面垫底了。我们在电视上看到，在竞选之夜的辩论中，人们都在抬起腿向上爬。他们为了得到什么？为了

---

[1] W. N. et L. A. Kellogg, *The Ape and the Child* (1933); *Le Singe et l'Enfant* (1936).

成为"元"的创始者:"我要告诉你你所说的话意味着什么。"有个官方历史学家——我不想说出他的名字,但所有人都知道是谁[1]——会这样说:"是的,如果我们比较一下某年与某年的统计数据便会发现,看似的胜利并不是胜利,而是某种程度的失败,等等。"接着,另一个人便会站到他身上。我认为,揭示出这种机制会产生巨大的力量。然而,谁会乐于将这种机制公之于世呢?如果用橄榄球来比喻,它在到达边锋前便会遭到拦截。正如你刚才所说的,应当听到这些事情的人如果听了肯定会受益匪浅。

然而,这些人拥有不可低估的自发防御系统,拥有积极或消极的抵抗手段。例如,在此期间给自己做个三明治便属于消极抵抗。戴高乐提出的参与是我总要举的一个例子。我从雷诺工厂的一位工人口中听到一个绝妙的说法:"所谓参与就是你把手表借给我,我来告诉你时间。"(笑声)甚至可以说:"你把手表交给我,我来告诉你时间。"这并不是一种政治分析,要详细阐述这类比喻和寓言性信息的内涵则需要进行数小时的分析。总之,他们拥有一些防卫工具。如果先进科学生产的防卫工具

---

〔1〕 这里指的是历史学家勒内·雷蒙(René Rémond)。

和自发的防卫工具都能发挥作用,就像橄榄球运动员借助录像观摩比赛并从中受益一样,政治生活便会发生深刻的变化,人们也会把荒谬的生活归咎于诡辩家。只是这种变化不会明天就发生,因为诡辩家们目前还控制着传播。

罗杰·夏蒂埃: 你是否因为这些才支持科吕什参加竞选[1]?

---

[1] 1980年10月30日,法国喜剧演员科吕什(Coluche)宣布他报名参加次年5月的总统竞选。他的竞选宣传语是:"我号召懒汉、肮脏人、吸毒者、酗酒者、男同性恋、妇女、寄生虫、年轻人、老年人、艺术家、在押犯人、女同性恋、学徒、黑人、步行者、阿拉伯人、法国人、留长发者、疯子、异装癖者、前共产党人、坚定的弃权派,以及政治家不屑一顾的所有人都来投我的票;希望你们到市政府进行选民登记,并到处传播这一消息。大家团结起来,和科吕什一起干翻那群混蛋!科吕什是唯一不会对你们撒谎的候选人!"民意调查显示,有10%—16%的人有意投票支持科吕什。他因此也受到种种压力。1981年4月16日,科吕什宣布退出竞选。1999年,皮埃尔·布尔迪厄对这一插曲做了如下评论:"当有人说一个普通公民在政治上是不负责任的,这便是谴责他非法从事政治活动。包括我在内的这些不负责任者的德行之一就是揭示政治秩序心照不宣的预先假定,即非圈内人士应被排除在外。所以,科吕什的参选就成为一种不负责任的行为。……整个传媒与政治场域都动员起来,它们把所有分歧先放到一边,以便一致谴责这种彻头彻尾的野蛮行为,因为它对于只有政治家才可谈论政治的预先假定提出了质疑。"("Le champ politique", in *Propos sur le champ politique*, Presses universitaires de Lyon, 2000;参见 Pierre Boudieu, *Interventions 1961–2001. Science sociale et action politique*, Agone, 2001 p. 163。)

皮埃尔·布尔迪厄：不是没有关系。我认为，科吕什参选完全是严肃的，因为他以嘲讽手段将质疑付诸实践，其中并没有布热德运动的色彩……这件事很令人惊讶，这也是个进行防卫的例子……在《世界报》这类特别博学的报刊发表的一些特别博学的文章写道：这是布热德运动的复兴，等等。然而我有数据表明，科吕什的社会基础与布热德运动的一般社会基础截然不同，前者是极左派的传统社会基础，即知识分子和虽有文凭但无相应地位的年轻人。科吕什的重要性在于，他制造了批判性的意外事件。我还要引用一个更为高尚的、与文化等级截然对立的形象，即卡尔·克劳斯（Karl Kraus）。在法国，没有人读过卡尔·克劳斯的著作，但所有人都知道必须说他写的东西很不错。所以，我要利用一下这种合法性效应。（笑声）卡尔·克劳斯是个职业知识分子，他的所作所为基本上与萨特的行为是背道而驰的。他一生都在制造意外事件。他做过不少精彩的事情，我若有时间也会像他那样做。他曾利用知识分子的社会得体性情操来伪造请愿书，但这是为了正义的事业，就像今天帮助同性恋者预防艾滋病等行动。他伪造了一份有当时最著名人士签名的请愿书，而这些人却不敢站出来揭穿骗局。后来，还是卡尔·克劳斯透露说，这一切都是他的发明，那些人根本没有签名。这个人一生都在以科吕什的方式制造戏剧性的意外事件和混乱局面，并以此对诡辩家的世界提出质疑。所以，为传播这种实用的防卫手段，有很多事情可以做。

罗杰·夏蒂埃：是的，但有人还是会说你将搬起石头砸自己的脚……

皮埃尔·布尔迪厄：这显然与我的气质有很大关系。人们所称的"气质"，我称之为"习性"。我提出夸张的形式旨在将问题延伸。但我认为合理的乌托邦主义应当有其地位，也就是说，人们拥有尽可能保留一部分乌托邦的权利。我觉得，正确地将社会学作为改造社会世界的工具，就是要确定人们力所能及的界限，还要怀着成功的一线希望，尽可能地超越这些界限。

罗杰·夏蒂埃：这些界限之一不就是你曾引用《传道书》的那句话吗？"加增知识的，就加增忧伤。"也就是说，一旦人们不再相信揭露统治的全部机制能够激发革命的希望并促成颠覆和重建整个社会世界的救世主降临说，那么这种揭露行为便可能导致人们的绝望而不会促进伟大的政治事业。因为，与知识分子的传统形象——至少是二战后的——的决裂便导致了幻觉破灭：人们不再相信各种挫折的不断积累终将引发最终的断裂。没有人再相信这些了。因此，这种脱离了救世主降临说的揭露行为今后会不会造成无尽的痛苦？这对于掌握批判工具的阻碍难道不比你所描述的更为严重吗？

皮埃尔·布尔迪厄：我认为，对救世主降临的期望是实现改造的重大障碍之一。应当用适度的理性愿望取代救世主降临的幻想。上述理性愿望时常被贬为改良主义和妥协行为，其实它也有特别激进的表现形式，例如我刚才提到的。这些做法有点不负责任，但却是合理的！我也因此被说成乌托邦主义者。我认为，如果知识分子在其各自的空间都能多透明化，少自我神秘化，这将是一种很大的变化。例如有一项简便易行的措施：建立一个由社会学家、法学家等组成的、受法律保障的委员会来监督民意调查的使用。这将是向民主方向的进步。当然，这种监督不能局限在取样规模上，还应扩展到更多方面。以上是个最简单的例子。然而，有人会认为这种事情不值一提。如此说来，我们应当关注的倒是越南，即远在天边和不取决于我们的事物了，就像斯多亚主义者所说的那样。我们应当关注的是取决于我们的事物。实际上，取决于我们的事物所具有的重要性远远超出了人们的想象。例如知识分子搞的那些神秘化便属于取决于我们的事物。所以，批判知识幻觉不仅是我们的分内之事，也是我们所能做的最重要的工作。当然，这种批判并非政治行动的"全部"，还有其他许多事情应当做。但从根本上讲，这毕竟是取决于我们的事物。

对话三

结构与个人
Structures et individu

罗杰·夏蒂埃： 我觉得，目前的社会学、历史学、人类学等社会科学都在设法走入一种两难境地（这可能是个伪命题）：一方面是在20世纪60年代主导它们的东西，即注重结构、等级和客观立场的研究方式；另一方面是复原个人的行动、策略和表象以及人际关系的愿望，尽管这种愿望在各学科的表现形式和追求目标不尽相同。历史学方面的情况很清楚：以往占统治地位的社会史力图通过税收和公证资料来再现社会的客观等级，并将其置于总体的分类当中。而目前人们又开始转向旨在思考主体作用的研究方式。因此，人物传记和对人物意向的研究出现回潮。那些不愿再用社会职业或社会阶级的范畴来思考问题的历史学家开始重视和使用"共同体"等概念了。

我想，历史学中的这种矛盾同样存在于社会学中。你最近出版的《说过的话》一书有篇谈话提到了结构主义的研究方式与其他研究方式的对立。后者与现象学有些关系，有人将其称作互动论、民族方法学或其他什么，总之意在宣布它们是错误和无效的。[1] 对你而言，这种对立在很大程度上属于伪命题。我却觉得它颇为重要，因为它能使人在别人固守结构并被称为传统派或守旧派的情况下，轻而易举地突出自己并树立起与众不同和标新立异的形象。我们这次对话可能应该沿着这个思路进行。首先请问，你为什么认为结构主义研究方式和现象学研究方式的对立是个伪命题？

皮埃尔·布尔迪厄：你刚才的话涉及一系列错综复杂的问题。首先，关于你提到的虚假革命的看法，这些社会学和科学的伪命题之所以能长期存在，是因为它们时常借助于真实的社会问题或真实的社会利益。正如你所谈到的，我认为：宏观与微观、主观与客观的对立，以及历史学家如今提出的经济分析与政治分析的对立等，这些统统属于经不住3秒钟理论剖析的虚假对立。但这些对立又十分重要，因为它们对其使用者能起到社会作用。例如，科学场域也去遵从高级女子时装场域或宗教场域的变化法则，这实属不幸。也就是说，年轻人和后来者

---

[1] 参见《标记》("Repères")，与约翰·海尔布隆（Johan Heilbron）和班卓·马索（Benjo Maso）的谈话，载于前引 Pierre Bourdieu, *Choses dites*, pp. 47—71。

要进行异端革命,无论这种革命是真的还是假的,他们提出:"30年来,老家伙们一直向我们灌输拉布鲁斯(Labrousse)和布罗代尔的经济史。我们曾经到里斯本港口去清点木桶,这种事情我们已经受够了!现在应当清点其他东西了。"于是,他们开始像清点木桶那样去清点书籍了,但并不考虑书中的内容。他们或许还会说:"你们的看法不对,一切都体现在政治中。"这种情况和一会儿流行长裙一会儿又流行短裙的现象别无二致……

伪命题的作用在于它是永存的。而且从科学观点看,这些伪命题往往植根于真正的政治问题里,例如个人与社会的对立、个人主义与社会主义的对立、个人主义与集体主义的对立、个人主义与整体主义的对立等等。我认为,这些带"主义"的词都是荒谬的,是无头无尾的怪物。这些对立总是可以重新活化的,因为它们涉及集体主义和社会主义为一方,自由主义为另一方的对立关系。通过这些隐匿的关联,人们可以将政治斗争重新纳入科学场域。然而,科学场域的独立性是基于与这些伪命题划清界限之上的。如果背后有政治力量的支持,在科学上的弱势地位也会得以强化。例如在自由主义盛行时期,那些主张"理性经济人"这种荒谬理论的人便加强了他们的行动。

这种加强体现在某些领域，尽管不是在科学实践中，但毕竟有所加强。因此，人们也可以在科学场域进行一种有助于政治情势的知识操作。

现在来谈谈这些问题为什么属于伪命题。用句俗话说，它们是风马牛不相及的。这个问题很难解释，但我要试着具体地说明。首先，涂尔干（Durkheim）提出，从事社会学之所以困难是因为我们大家都觉得自己是社会学家。社会学研究特别难以开展的原因之一，对历史学来说也是如此，是我们都认为自己生来便有学问。我们都以为自己当时便理解了，而阻碍理解的恰恰是这种当即理解的幻觉。同这种幻觉决裂的方式之一便是客观化。有句名言在科学界广为流传："对待社会事实要像对待物品一样。"例如，我要研究罗杰·夏蒂埃（或皮埃尔·布尔迪厄）时，就应只当他没有主观性，不去理会他对我说的话、他的经历、他讲述的自身经历、他的心理体验和他的表象。我不仅要将这些一扫而光，还要对其持怀疑态度。这些属于涂尔干所说的"预设概念"、马克思所说的"意识形态"，或者是自发的社会学。总之，我对这些持怀疑态度。我会将其记录下来，但却持怀疑态度。这就是客观主义的立场。

罗杰·夏蒂埃：这样做是为了具有客观性，以便恰当地描述一个人……

皮埃尔·布尔迪厄：在这方面，人们一般会运用统计。例如人们会说要数数罗杰·夏蒂埃说过多少次"我们要"，因为其中显示的内容是他本人没意识到的，但却比他的所有话都更为重要。或者我要衡量一下他声音的高低，这些事情已经有人做过：人们可根据说话声音的高低来猜测某人的社会地位，等等。这些便属于客观主义。而对面的人们会说：值得关注的是主体的想法，是他们的表象、他们的话语、他们的精神图像，以及他们头脑中的社会世界。因此，应当努力进行自我分析，这是一种现象学，或者帮助他人做自我分析。总之是应努力搜集他们的表象和论说。

我想，我用一句话便可清算这种极为愚蠢的对立。对于与之类似的社会与个人的对立，我也会采取同样的做法。帕斯卡尔（Pascal）的一句话很能概括这一点。我想以简化的方式来引述这句话（我能够引述全文，但这样做只有盲目崇拜的价值）。帕斯卡尔说："世界包括我，而我也了解它（Le monde me comprend, mais je le comprends）。"他用"comprendre"一词玩了个文字游戏。[1] 世界包括我，把我压缩成一个点。我是世界的一个物件。作为物体存在的我被放置、被注明日期、被限定。我被强力所控制，如果我从窗户跳出去，我会因重力法则而摔下。我了解这些则意味着我了解了上述表象，并不再回到自己在世界中的地位。这意味着什么？意味着一旦把人类这个完全特殊的东西作为对象，就应认识到这种双重现实的客观存在。人类是一种物品：我们可以对其称重、衡量和计数；还可以清点他的财产——他有多少本书，有几辆汽车，等等。然而，他对这些东西的看法也属于客观性的一部分。每个人都有一个视点：他置身于社会空间中，并从其中的某一点来观察社会空间。一旦知道了上述道理，就会发现非此即彼的做法是愚蠢的。要想了解罗杰·夏蒂埃对历史的看法，就应知道他处于历史学家空间的哪个点，这样才能掌握罗杰·夏蒂埃的客观事实和他的表象原则。社会学家的工作便在于囊括上述两方面。研究个人或研究社会，这完全是一回事。提出纯属虚构的对立十分有助于人们搞一下客观主义，又搞一下主观主义。我年轻

---

〔1〕 法语动词 comprendre 有"包含、包括"和"了解、理解"两种含义。——译者注

时有幸在既借鉴又反对萨特和列维－斯特劳斯的过程中成长起来。萨特代表了最彻底的主观主义立场，而列维－斯特劳斯代表了最彻底的客观主义立场。实际上，说自己赞同前者还是后者并无任何意义。我们在某些方面赞同前者而反对后者，在另一些方面则赞同后者而反对前者。

罗杰·夏蒂埃：你是否认为，每个人的人生道路中都有这样的时刻或地点，它们虽不能使人意识到这种对立的无效性，但却能用一些有效的工具将其克服？就你而言，我认为你是通过人种学研究，尤其是对贝亚恩地区的研究来解决这一问题的。这项研究也是对你自己的身份和你出身的共同体的研究。即便是暂时的解决也总会困难重重。因为人们的视点不同，他们在研究中使用的资料和工具也不尽相同。有时会出现极端情况，即个人被直接牵涉进他所在的社会。在进行这种不同寻常的研究时就会发生松扣现象。我在阅读你研究卡比利亚山脉，尤其是贝亚恩地区，以及研究婚姻策略问题的成果时，总会吃惊地感到，它们为你所表明的看法提供了绝佳的范例。你的看法是：当人们自身处于"认识论实验"（expérimentation épistémologique）的境况时，将客观性与主观性对立起来就显得荒诞无稽了。我觉得你好像使用过"认识论实验"的说法，这种情况是不会时常出现的。

皮埃尔·布尔迪厄： 我认为，由于研究对象不同，认知主体和认知对象的关系不同，客观主义倾向或主观主义倾向的力度也会有所不同。例如，我认为人种学家的处境有助于遵循客观主义原则。作为旁观者和局外人，他在其考察的游戏中没有赌注，例如他所描述的婚姻交换并不牵涉自身利益，这会使他具有客观主义的看法。现象学的传统对这种局外处境进行过很多思考。研究教育体制的社会学家也是如此：他的行为态度完全不同于为子女寻求最佳高校的家长。例如，我在研究名牌大学时便力图把人们全然不知的机制揭示出来并加以客观化。意识不到这种机制的有身在其中的大学生，他们像老鼠在迷宫里乱窜；另外还有向大学生提供咨询的人，这些咨询者本身并不熟悉他们咨询的内容，当然这并不意味着他们的建议都是错的。我试图以完全客观主义的方式行事，这可能对于我为自己的儿子做最佳安排毫无用处。总之，我和他们的处境完全不同，我有一种建构性的超然无私。这并不是说我没有任何利益，只是它属于其他类型的利益。

我曾两度在完全无意识的情况下陷入了认识论实验的绝境。一次是对一个村庄的研究。我的童年是在这个村庄度过的,我研究的对象是我熟悉的伙伴。另一次是几年前我对大学的研究。在这两次研究中,尽管我努力遵循客观主义原则,但不可避免的是,研究对象时常会让我难以回避自己的主观利益。例如,我们在分析学术体制时揭示出的等级具有不同的原则。研究表明,两种可能的等级化原则之争造成了学术界的意见分歧。一种原则是在掌控再生产工具方面占先:争当高级教师会考评审团主席和国家大学委员会[1]某一学科的主任,也就是有资格进行自我再生产并且控制或禁止他人的再生产,等等。另一种原则是成名成家:著作被翻译成外文,受到传统权威机构的邀请,获得诺贝尔奖,等等。这两种等级化原则同时存在、相互竞争。有趣的是,社会学家不以人们的看法为证,而是通过客观手段建构出了学术界的等级。而这些等级一经再现便成了尽人皆知的事实。所有人都会说:"我们早就知道这些,这是显而易见的。"然而,为了将这种等级客观化并形成文字,需要付出巨大的努力来摒弃各种习见。

---

〔1〕 法国的国家大学委员会有权决定教授研究员的招聘和晋升。

所以，其中显然有一种差距。作为圈内人，我愤怒地看到众多旨在以集体努力来掩盖事实并否认众所周知的等级现象的做法。在这种情况下，有两种表象能够如实地描绘学术界：一种表象是尽管存在等级，但所有人都对其视而不见，这种做法还是过于简单了；另一种表象是社会化的集体机制像弗洛伊德所说的防卫系统那样运作，从而使人们看不到这些等级。为什么要这么做呢？可能是因为一旦客观真相变成了主观真相，大学和科学界就让人待不下去了。我在研究雇主和主教时也遇到过这类问题，但它们对我没有造成如此悲剧性的影响。

罗杰·夏蒂埃：你的说法似乎暗示着，历史学家很少会陷入认识论实验的处境。因为顾名思义，历史学的研究对象总会有一定距离，研究主体的自身利益完全不同于直接相关的利益。当然，研究当代的历史学家除外，而在这种情况下，学科的分野就没有多大意义了。所以，我们遵循这种推理便可大致说明：和历史学家对自身实践的思考相比，社会学家，尤其是你在著述和谈话中提出的思考，必然会更具尖锐性和悲剧性。历史学家有历史环境作保护，其好处是不大会遭受痛苦，然而，我不想说是坏处，这也会制约认识论实验中的洞察力。所以，如果主张结构和强调意图的两极能够求同存异，并在资料类型、实践类型方面和历史学家实现共享，便会最终促成各种研究方式在同一场域的共处。尽管这个场域尚未完全统一，但却能让各种研究题目和史学方法并存。这样一来，不同见解之间的矛盾也不会像我们交流之初那样紧张了。

皮埃尔·布尔迪厄：你说的这些话让我深感欣慰。你对历史学场域和社会学场域差异的描述完全能让人接受。我有时会思念史学界，我想自己要是身在史学界就会淡定得多：我可以参加《星期一史学》栏目，能与经济史和心态史领域最高深的专家们共同切磋。在最完美的世界里一切都让人称心如意。而且，史学界还有些兼收并蓄的学者为不同立场的沟通充当桥梁……

罗杰·夏蒂埃：而且，我们还能从写作中获得乐趣，尤其是当我们通过历史学的功能，在共同体层面或民族认同方面向人们提供所需的渊源、参照和特性时，无论历史学是主动执行这项功能，还是自发实现其效用。总之，人们对社会学的议论完全是另一种状况。人们认为社会学具有进攻性，它虽能使个人重新掌握自己，但却要以不知多少痛苦为代价。而历史学的论说，除少数情况和涉及20世纪的历史外，则是一种鼓舞和安抚的论说。

皮埃尔·布尔迪厄： 你刚才说的话清楚地表明了历史学著作和社会学著作在社会上受到的不同待遇。我们看到，即便在图书销售方面也是如此：书店从不会把社会学的丛书推荐为圣诞礼品，我们几乎难以想象这种场景。我说这些绝没有挑衅之意。假如我是个历史学家，我可能也会参与创作这种圣诞礼物。

我想说的是，这涉及社会学与历史学的差异问题。人们认为，社会学家总是在挑衅，总是在引发争端，是"制造麻烦者"[1]；而历史学家则"不制造麻烦"，他们研究过去的事情。他们有时也会对法国大革命展开讨论……

我认为重要的是，人们可以说历史学是一门整合度更高、更讨人喜欢、更符合"科学共同体"理想的学科……倘若这个共同体确实是个共同体的话。其实它只是一种虚幻。科学共同

---

[1] des gens "à histoires"，布尔迪厄在这里玩了一个文字游戏，因为在法语中，histoire一词除了有"历史""故事"的含义外，还有"麻烦"之义。——译者注

体应是人们为真理而斗争的地方。我认为，正是由于社会学能引发争端，所以它才是整合度更高的学科。我的这句话与习见完全相反。有人说："历史学家们至少能够互相交谈；看看这些社会学家，他们总在相互厮杀，没有哪两个社会学家会有相同的看法，等等。"在我看来，与常人所认为的相反，人们是以科学共同体的陈旧和肤浅哲学的名义赋予历史学特权的，他们还利用某种简单化的组合将共识与冲突对立起来。这会是个重要的作文题目："你认为社会的基础是共识还是冲突？"谁不知道可以通过冲突达成共识呢？首先是因为，只有当分歧之中有协调的余地时才会展开协商；其次是因为，通过冲突才能融入，这是与妥协或避让完全不同的另一种融入。

你刚才说：人人都有自己的小王国、小天地，他们便可悠然自得；中世纪的历史永远不会让现代历史陷于尴尬境地。我认为，历史学的一大弱点是不像社会学那样必须不断经受考验；社会学家必须不断地证实自己的存在，永远不能把自身的存在视为大功告成。我的朋友都是历史学家，因此不会有人怀疑我恶语中伤。有个很具体的例子：当我散发调查问卷时就说自己是历史学家。当学生们遇到棘手的情况时，我就会对他们说："你们最好说自己是历史学家。"历史学家的存在是名正言顺的，而社会学家的存在……

社会学是一门"制造麻烦"的科学，它制造问题和产生问题，它的存在受到了质疑。至少对某类社会学而言，这种情况迫使它必须时刻清醒地看待自身的存在，必须对使其在科学上更加进步的基础保持忧虑感。

罗杰·夏蒂埃：我们还可以给我们谈到的矛盾加上历史维度。与其他国家的知识传统相比，法国的特点可能表现为：20世纪初，涂尔干的学术计划凭借着没有制度力量辅佐的知识力量，终于使社会学成为科学中的科学，并用社会学的方法将所有其他学科统一起来。你的科学实践中肯定有上述计划的明显痕迹，它至少体现在拒绝把社会学定义为专攻当代世界的学科方面。因此，那种让历史学家研究过去，社会学家负责当下的便利分工遭到了断然拒绝。只需翻开你的一本书或《社会科学研究学报》便可看到，其中有不少思考和文章涉及19世纪或更久远的时期。而这在传统上是历史学家垄断的范围。这些难道不是20世纪初强大的法国社会学学派与以马克·布洛赫和吕西安·费弗尔为首的年鉴学派之间激烈论战的痕迹吗？社会学曾立志成为"社会科学"，并使历史学家感到不安和做出反应。社会学的这种抱负现在有何表现?

皮埃尔·布尔迪厄：就我而言，我完全放弃了让社会学成为至尊学科的野心。在奥古斯特·孔德（Auguste Comte）对科学划分的等级中，社会学处于顶峰位置并享有最高荣誉。我认为，在哲学家与社会学家的对抗中，奥古斯特·孔德的野心造成的影响始终存在。对我而言，我认为这种野心没有实际意义。我也不认同涂尔干以更明确的方式表达的另一种野心。我们可以将创建超越个别利益的真理这种野心称作斯宾诺莎主义。涂尔干的《教育思想的演进》[1]中有很精彩的一讲，与斯宾诺莎关于真理与谬误的著名论文如出一辙……在经济学家那里也有这种情况。萨缪尔森在他伟大的经济学论著[2]中开宗明义地提出：个人对经济世界的看法是狭隘和片面的，他们无法进行统合，他们的看法是相互对立、互不相容且不可并合的；而专家则不同，他们和莱布尼茨（Leibniz）对上帝的说法一样，

---

〔1〕 Émile Durkheim, *L'Évolution pédagogique en France* (1938), Presses universitaires de France, 1990.

〔2〕 Paul Samuelson, *Les Fondements de l'analyse économique*, Gauthier-Villars, 1971.

掌握着所有前景的实测平面图和各种观点的几何轨迹。正因为如此，社会学家也把自己当成上帝。在我看来，涂尔干有一种政治野心，或者说是技术官僚的野心。他认为社会学家无所不知，他比人们自己更清楚其利益所在。这即是说，谬误在于条件限制，谬误在于支离破碎，一孔之见就是谬误。

对话四

习性与场域

Habitus et champ

罗杰·夏蒂埃：我觉得，有一个问题是你着力探讨的，这也是历史学家面临的问题。这就是你所称的"生物个体中精神结构的起源"，即个人将社会世界的结构内在化并变为指导行为、举止、倾向和品位的等级模式的过程。为了理解有共同社会经历的生物个体对精神结构的归并，你还提出了一种操作性概念——"习性"。至少对目前的社会科学而言，这大概不属于传统概念。这一概念显得有点野性或带有中世纪色彩。你为什么要使用它？这种概念从何而来？是你自己打造的还是继承别人的？你使用"习性"这一概念是否旨在对抗另一种传统，即此前的心态史传统，以及更早形成的《年鉴》杂志的传统？

皮埃尔·布尔迪厄："习性"是个古老的概念，因为它源于亚里士多德，也曾被圣托马斯·阿奎那等人使用过。但我认为，如今不少人所热衷的谱系学视角对这一概念没起到任何促进作用，因为是我复活了这个概念。科学地使用一个概念意味着在实践乃至理论上掌握它以往的使用情况以及使用它的概念空间。实际上，掌握这种空间便能制定出一条理论路线，正如人们可根据对各种政治空间的直觉来制定政治路线一样。结构性常量就是通过这些政治空间得以保持的。

正如人们在亚里士多德、圣托马斯·阿奎那，以及胡塞尔（Husserl）、莫斯（Mauss）、涂尔干和韦伯等人那里所看到的，习性的概念表达了非常重要的思想，即社会"主体"并非即时性的精神现象。换句话说，只了解诱发因素还不足以使我们懂得某人会做什么，在核心层面还有一种倾向系统，即处于潜在状态并会根据状况而展现的东西。大致就是这样。这是一种极为复杂的讨论，但习性的概念具有多种功效。其重要性在于提醒人们：行动者有其成长的历史，他是个人经历和环境教育的产物，他也是集体历史的产物。尤其是，思想类别、知性类别、感知模式、价值体系等等，这些都属于归并社会结构的结果。

我举个有点复杂但能说明问题的例子。我最近研究了高中毕业生的选择，如今的高等教育系统是个极为复杂的空间，他们要在其中确定自己的方向。他们就像进入了一片大森林：有些人会向左边走，另一些人会向右边走，还有人会在蜿蜒的迷宫中迷失方向……我对这些人的选择进行了探讨：为什么有人要进入巴黎高等师范学院，有人却要进入巴黎综合理工学院或法国国家行政学院，等等。在研究了他们所做的选择和选择者的特质，以及这两者之间的关系后，我根据这些经验性资料认为，社会行动者——在此特定案例中是准大学生们——好像已经将某种对立结构内在化了。这便是他们即将进入的空间中客观存在的对立结构。它大致表现为巴黎高等商学院与巴黎高等师范学院之间的对立：一方代表着商业，另一方代表着文化。学生们拥有从家庭获得的优选系统，报考巴黎高等师范学院的多为教师子女，报考巴黎高等商学院的多为商人子女。促成这些选择的决定性因素是什么？这涉及现代心理中重大的结构性对立：艺术与金钱、无私与谋利、纯洁与混杂、精神与肉体等等。这些根本性对立决定了人们在买车、读报、度假、对待身体和性行为等方面的偏爱。这种以不同实践和不同产品结构等形式客观存在的对立会被人们以优选系统的形式内在化。如果面对两种身份，一种有知识情趣但报酬不多，另一种经济收入高但缺乏知识情趣，教师的孩子会选择前者。这个例子表明，作为极其复杂的系统，名牌大学间的对立这种客观结构已变为一种主观结构、一种感知和评价范畴，以及一种优选系统。这种转变是通过什么完成的？要解答这个问题还需要认真研究……

罗杰·夏蒂埃：这个问题更适合用历史学家的观点来讨论。用习性的概念开展研究首先会遇到一个问题，这便是潘诺夫斯基（Panofsky）在研究中世纪经院时期的建筑形式与思想结构有何同源性时提出的问题：究竟是什么原因和社会模板在不同的实践场域中能够向人们灌输较为稳定和一致的性情？是否可以认为你的著作更偏好原始归并？在你的一些著作，尤其是《实践感》中有这样一种观点：归并很早便开始发生，甚至在会说话之前，在具有理性和控制思维之前就开始了。婴儿期可能是个人将社会结构并入内心的关键时期。另外，你花费了很多时间深入研究学校等制度安排。你是否认为这些制度安排能够补充、加强和修正最初以含蓄方式进行的动作和行为归并？我觉得这会是一场重要讨论，因为它不仅涉及机构的相对重要性的问题，还涉及以耳濡目染方式传递的所有东西。这些东西构成了在家庭内和父母与子女的接触中所灌输的行为举止的模板。

皮埃尔·布尔迪厄：在回答你的问题之前我想先说几句。我要借此机会指出，把个人与社会对立起来是极为荒谬的。这种对立引发了目前的一系列辩论（例如整体主义与个人主义之争）。在讲话时用"社会"作主语便等于在说无意义的废话。然而为了节省时间，我也不得不这样说了。社会的存在有两种方式。它一方面以社会结构、社会机制的形式存在于客观性中，例如名牌大学的招生机制、市场机制等等，另一方面，社会还以个人的和被归并的状态存在于人的头脑和内心中。换句话说，社会化的生物个体即是个体化的社会。

尽管如此，这并不意味着行动主体是否有自觉意识的问题不复存在。让我们回到你提出的关于个人的起源和获取基本的优选结构的社会条件等问题上。上述博弈是否很早就开始进行了？这个问题极为复杂。我认为其中有一种相对的不可逆转性。我这样说的理由既符合逻辑又较为简单：所有外来刺激和人生经历都是通过业已建构的类别来感受的。因此便有了一种关闭装置。例如，我认为衰老可被视为上述结构的逐步关闭。人衰老后，他的精神结构确实越来越僵化，对刺激和激励的反应也越来越差。这早已是众所周知的事实。另外，关于男女间的对立，我即将刊登我在芝加哥听到的一篇报告，它的作者是对掌握性别差异的过程进行实验研究的心理学家。[1] 人们会惊讶地发现，在托儿所中，不满 3 岁的孩子便开始学习如何与同性和异性孩子相处了，这决定着他们会从对方那里得到什么——是挨打还是善意。上述机制很早便建立起来了。如果人们认为性活动的分工机制是基本的，例如政治上的所有对立都类似于性别间的对立——服从与支配、在上面与在下面等等，如果人们认为感知两性劳动分工的身体模式在很大程度上是在感知社会世界中建构的，他们便会承认，最初经验的影响在某种程度上是非常强大的。此外，有位名叫维果茨基（Vygotski）的苏联著名心理社会学家，他受到皮亚杰（Piaget）的启发，还把皮亚杰不大重视的社会发生维度引入了研究，并试图对小学教育的效果做出分析。[2] 他谈到了不少有趣的情况。他所依据的语言事例可以推而广之：进入小学的孩子们已经知晓他们的语言，但他们还要学习语法。学校教育的最大效

---

[1] 参见 Judith Rollins, "Entre femmes", *ARSS*, 1990, n° 84, pp. 63—77。

[2] Lev Semionovitch Vygotski, *Pensée et langage* (1933), Éditions sociales, 1985.

应之一就是从实践过渡到元实践。

所以,习性并不是命运,也不是人们强加于我的"天数",而是一种不断受经验控制和改造的、开放性的意向系统。我要马上纠正一下我刚才的话:在与社会条件相关的社会命运中,存在着经验证实习性的可能性。换句话说,人们后来的经验也会与造就其习性的经验相符。我还要消除另一个难题:习性是一种虚拟系统,它只是在参照某种处境时才有所体现。与人们强加于我的说法相反,习性在与某种处境相关时才会产生效果。习性就像一根弹簧,它需要有一个释放装置。在不同的情况下,习性会产生截然相反的效果。

我还要举个我研究主教时的例子,它与历史学家有很大的关系。我所研究的群体是纵向的:主教们是些寿命很长且同步生活的人,35岁的主教和80岁的主教比肩共处。他们是在全然不同的宗教场域成为主教的,有的在1933年,有的在1936年,有的在1945年,有的在1980年。我还了解到他们的社会出身,其中有些是贵族子弟。如果贵族子弟在20世纪30年代成为莫城的主教,便会按照近乎封建时期的贵族传统,让教区的信徒们亲吻他的指环,正如杜比在他的书中提到的那样。但如今他们成了圣德尼[1]的主教，也就是激进的红色主教。我认为，知道何为习性的人便会明白：贵族习性一般是与通俗、平庸、平凡和小资产阶级拉开距离，但在相反的处境中，这种习性也会有相反的表现。换句话说，处境造就了习性，习性也造就了处境。这是一种极为复杂的关系：根据我所具有的习性，我会在同样的处境中看到或看不到某些事物。由于看到或看不到这些事物，我的习性便会促使我去做或不做某些事情。我认为，这种极为复杂的关系是用任何通常概念，如主体、意识等都难以思考的。

罗杰·夏蒂埃：你是否认为历史学家也可以使用这种概念？听了你的话，人们会注意到你与另一位经常使用习性概念的作者之间存在的类似和差异。此人就是诺贝特·埃利亚斯（Norbert Elias），他也是社会学家，在某种意义上也是历史学家。包括我在内的一些历史学家曾努力扩展他的思考，以便理解精神范畴以及更深层的个人心理结构如何在长时段中发生改变。我们提

---

〔1〕 Saint-Denis，巴黎大区的一个城市，该城在政治上以左倾著名，二战后历届当选市长均为法国共产党人。——译者注

出的问题是：是否有可能对精神分析的对象进行历史化？你相信这种展望会实现吗？这种展望引入了长时段的概念，你在研究中一般不使用这种概念，因为你着重分析的习性是造就当今社会的评价、感知和行动模式的习性。这是否意味着，你拒绝这种长时段展望是因为你认为它带有目的论和太过宏观，认为它会抹杀现实的复杂性呢，还是仅仅由于你的研究对象即便有历史维度也谈不上有长时段的历史呢？因为就其性质而言，这些对象所处的场域是在特定时间里被利害关系、对立和轨迹合成的社会空间。

皮埃尔·布尔迪厄：这个问题很难回答。我的确在方法或方法学上对重大的趋向性规律持怀疑和不信任态度。揭示重大的趋向性规律曾在马克思主义和后马克思主义中盛行一时，我认为历史学家和某些社会学家依然怀有这种欲念。我要反复灌输一种职业性反应，即对此前和此后的比较持怀疑态度。例如有人说1945年的情况比1940年时要好些。到底是更民主了还是更不民主了？关于学校体制的这种说法非常典型。人们围绕一些民主化的伪命题争论不休，却没有看到这涉及两种全然不同的结构。例如，在这两种结构中，被绝对化的工人子女代表比例有着完全不同的含义。

就我而言，我极力主张怀疑此类对比，尤其要怀疑那些重大的趋向性规律，例如韦伯提出的理性化进程，以及经埃利亚斯发挥的国家垄断身体暴力的进程。因为我认为，目的论和变描述为解释的危险倾向确实存在。我还想到了福柯提出的"禁闭"概念，这类概念使我感到很别扭。

尽管如此，我还是要说，在上述问题域中，我对埃利亚斯的问题域最有好感。因为他把国家的构成这一重要的实际进程视为社会历史心理演变的基础。上述国家先是垄断了身体暴力（我还要加上符号暴力），而后又垄断了各种权威。例如，在判定谁聪明谁愚笨的权力垄断方面，学校体制的建立当属一项重大进展。这一进程不可能不影响我所说的习性和历史学家所说的心态。当然，"心态"一词有些含糊并带有风险。

更具体地说，现在还有一个问题，即贬责的社会条件问题。我认为有必要制订一项研究计划，以便通过体育等间接标志来分析暴力在社会中的合法性状况。应当说，埃利亚斯对体育的研究[1]开了个好头。我觉得这是个极好的计划，因为我

---

[1] Norbert Elias, "Sport et violence", *ARSS*, décembre 1976, n° 6, pp. 2–21.

们应当对各种形式的暴力展开研究,其中包括身体暴力、符号暴力,以及侮辱行为。在这方面,克拉弗里和拉迈松等人的研究[1]很有意义。他们表明,在农民社会中始终存在着某种暴力,如果不了解这些身体暴力和符号暴力的程度,便不会理解此类社会中的某些机制。就卡比利亚而言也是如此:如果我们不知道在这些社会中侮辱他人会使自己丧命,我们便绝不会理解注重荣誉的文明。因此我认为,如果知识分子每次辱骂他人都会有生命危险,他们早就被彻底改变了。同样的情况还有符号谋杀……

罗杰·夏蒂埃: 也许我们应当多谈谈体育方面,因为我觉得这会使人们懂得怎样改变习性,以便使较量不造成破坏,使对抗不波及性命。另外,以体育为例也有助于确立你在研究中提出的另一个基本概念——"场域"。你在开始时说过,习性的运作不仅取决于其固有性质,还取决于它运作的场所;在不同

---

[1] Élisabeth Claverie et Pierre Lamaison, *L'Impossible Mariage. Violence et parenté en Gévaudan*, Hachette, 1982.

的场域，同样的习性会产生不同的效果。我觉得，场域的概念会使人想到中断。我们在这里再次碰到了唯名论的问题。也就是说，无论是在科学语言还是在其他语言中，都应当有表示机构、物体和实践的词汇。这些词汇可以不变，但在这种稳定性背后，它们所指的却是特定的形态。我们可以举政治为例来表明这一点：尽管"政治"一词始终存在，但我们理解的政治是在特定历史时期形成的，它指的是某种赌注和某种公共空间形态的构成。体育也是如此。人们可以说，从玛雅时代至今始终存在表现为肢体对抗的身体训练。然而，我们如今所称的体育空间是在某一时刻，即18世纪末在英国产生的。为了确定运动员及其生涯和竞赛活动在社会空间所占的位置，人们需要分析这些足够统一的社会空间的形成条件。而在这项工作中，历史学的问题域与社会学完全混合在一起了。

皮埃尔·布尔迪厄： 在这方面，我与埃利亚斯既有共识也有分歧。我觉得埃利亚斯比我更注重连续性。在体育方面，不少体育史专家把从古至今的奥林匹克运动会搞成了连贯的谱系，我认为这是很危险的做法。表面的连续性掩盖了19世纪出现的重大断裂，即英国私立寄宿学校和学校体制的出现，以及体育空间的形成……换句话说，礼仪性的"拉索尔"[1]与足球比赛完全是两码事了，它们之间已无任何相似之处。谈到艺术家也会涉及同样的问题，甚至会令人更惊讶。有人认为，米开朗琪罗（Michel-Ange）与教皇尤利乌斯二世（Jules II）的关系完全等同于毕沙罗（Pissarro）与甘必大（Gambetta）的关系。这的确涉及显著的中断以及中断的起源等问题。它们也因此成为值得关注的问题。在体育方面的中断是比较突然的，这和寄宿制学校等因素有关。

罗杰·夏蒂埃：这发生在18世纪与19世纪之交的英国。

皮埃尔·布尔迪厄：是的。在艺术场域方面，人们认为这是个不断建构的领域。它开始于15世纪，也许还更早些。然后，就像不断地改进一样，人们发明了艺术家签名的做法，又发明了根据绘画价格之外的标准来评价作品的做法……大约直到马奈的出现和印象画派的革命后，艺术场域才开始名副其实

---

〔1〕 La soule，中世纪至近代早期在法国民间流行的一种球类运动，无固定规则，通常以将球送到指定地点为目标。该活动被视为足球和橄榄球运动的前身。——译者注

地运作起来，也就是说一个能真正谈论艺术家的领域才得以存在。我认为，我们对文学领域也可以这样看。我们可以说，很奇怪，在福楼拜之前还没有艺术家。我这些话说得比较尖锐，但这是为了刺激一下历史学家。因为我觉得称米开朗琪罗为艺术家是犯了时代错误。当然，历史学家并不幼稚，他们也会思考这个问题。但我认为他们提出问题的方式是幼稚的：人们是何时从工匠变成艺术家的？实际上，人们不是从工匠变为艺术家，而是从一个领域转入另一个领域。在前一个领域，人们按照经济标准，即按照通常的生产标准进行生产；后一个领域虽处于经济领域之中，却是个与经济领域背道而驰的孤立领域，在这个领域里，人们脱离市场而生产，并需要有足够的资本来维持生产，因为他们知道自己一辈子也不会卖出一件作品。自马拉美（Mallarmé）起的大部分诗人处于这种情况。也许我们应该展开更为长期性的分析，但我们若把艺术家和作家的概念向后投射到1880年以前的时期，这绝对是难以置信的张冠李戴……这样做会使我们看不到起源的问题。我这里所指的并不是某个人物的起源问题，而是使该人物作为艺术家而存在的空间是如何起源的问题。

罗杰·夏蒂埃： 读了埃利亚斯的著作会促使社会学家和历史学家思考权力行使方式的作用和国家在场域建构中的作用。而在此之前，社会史学、心态史学，以及只注重分别描述社会整体中各个场域的社会学却将上述作用抛到了脑后。你不认为是这样吗？我觉得，埃利亚斯的著作在这方面点中了要害，它指出场域的建构始终涉及与国家的关系：或者场域本身就是国家的某种体现（例如受到赞助的"艺术"实践），或者场域在政治范围之外形成一些相对独立的空间，就像 19 世纪那样。

皮埃尔·布尔迪厄： 是的，但我对埃利亚斯的看法与你不尽相同。我认为他是个韦伯主义者，你实际上把韦伯的思想归功于他了。我这样说完全不是贬低埃利亚斯的功绩，因为能够使伟大学者发明的模式完全重新运作起来，这已经是了不起的科学行为了。如果所有学者都能达到前人的高度，那如今的科学，至少是社会科学就会是另一种状况了。总之，我认为，仅从国家入手并不能发现国家的真实作用，例如在我所研究的艺术场域，印象画派的革命既针对国家，即反对学院派，又与国家携手。换句话说，我认为在提出国家的问题之前，先要搞清楚场域是如何运作的，尤其要搞清楚独立于经济场域的领域是如何形成的。此时的国家便成为涉及场域控制权的元斗争（méta-lutte）的场所。这显得十分抽象，但我可以加以说明：例如，通过立法来改变住房价格或改变退休年龄，这就是一种可改变力量对比的跨场域斗争。

对话五

马奈、福楼拜和米什莱

Manet, Flaubert et Michelet

罗杰·夏蒂埃：我觉得你最近的研究有点向出乎人们意料的方向发展，尤其是你提出要研究福楼拜、马奈，以及美学、文化和绘画场域的形成问题。人们对社会学，尤其是对你的研究给予的一贯评价是：无聊的计量化、复杂的统计、关注鸡毛蒜皮的小事。所以，你向个人和较高雅对象的回归是否表明你力图推翻上述评价？作为一个写过《区隔》一书并关注食品消费或普通品味等并非高雅研究对象的人，你是否想借此转向更为正当的研究对象，以便将自己的研究重新合法化？你在选择物品"区隔"而非劳动"区隔"时提出过一些分析。你现在的做法难道不是把自己也作为这些分析的对象了吗？

皮埃尔·布尔迪厄：肯定有人会说这与老年化和社会认可有关……然而这是专家们共同的演变规律。这种老年化完全不是生理现象。社会的认可往往伴随着目标的改变：一个人在某一场域越有名望，他便越会怀有对全球场域的野心。例如专家们往往拥有第二个职业，即哲学家。我觉得自己并不是这种情况，我目前的处境是我的研究所导致的必然结果。在你提的名单上还可以加上另一个重要思想家——海德格尔。实际上，如果要立个光荣榜，马奈、福楼拜和海德格尔可分别列为画家中的画家、作家中的作家和哲学家中的哲学家。我认为，我转入上述方面的探讨，这是我的研究，尤其是对场域起源过程的研究正常发展的逻辑。至于福楼拜和马奈，我认为他们实际上应被视为场域的创建者。

马奈的例子最能说明问题。当时有学院派的绘画，即国家的绘画，也有国家画师，即公务员画家。他们在绘画界的地位就相当于哲学教授在哲学界的地位。我这样说并无恶意。也就是说，这些人拥有画家的职业，他们是通过考试录取的，并在预科班学习过。和现在名牌大学的预科班完全一样，那里的新生也要经受捉弄，要经过磨去棱角、被愚蠢化和受到筛选的过程。就在这时，一个人物出现了，他就是马奈。马奈是从上述学校出来的，这一点十分重要。韦伯在他关于古犹太教的书[1]

---

[1] Max Weber, *Le Judaïsme antique*, traduction Isabelle Kalinowski, "Champs", Flammarion, 2010.

中也提到过这种情况：人们总是忘记，先知是从教士中产生的，伟大的异端创始人就是先知，他能在街头讲出通常只在博士圈里表达的话。马奈便是如此：他曾是半学院派画家库蒂尔（Couture）的学生，但他那时便在库蒂尔的画室里制造麻烦了。他批评给模特规定的姿势，他批评仿古造型，他批评所有这些……然后，他便开始做一件绝不寻常的事情：对整个美术界提出异议，在美术界的地盘上向其提出挑战。这就像高等师范学院录取考试中的首名落榜生对学院提出异议，而不是把这种惩罚化作内心的诅咒。我们都熟悉大学中的这类情形。马奈的所作所为犹如异端领袖和教派首领挑战教会，并以新的合法性原则，即以新的品味与之对抗。我们的问题是要探索这种品味是如何出现的：它是否来自马奈的资质、他的出身、他的家庭，尤其是他的社会关系领域和他的朋友，等等？奇怪的是，我做的这项研究是任何历史学家都未曾做过的，他们即使做过也会将此搞成趣闻逸事。我细察了马奈的朋友圈子和他妻子的朋友圈子。他的妻子是个钢琴家并时常演奏舒曼的作品，这在当时属于先锋派表现。我这样做是要解决一个根本性问题：谁若跳出体制，例如大学体制或学院体制，谁就会落入真空。

我曾提到首名落榜生的悲剧，因为很多听众至少间接了解此类经历。首名落榜生的问题在于，他甚至不会想到要向刷掉他的机构提出异议。他不会有这样做的念头，假如他要这样做，他便会被抛入虚无。马奈便被逼到了这种地步："如果我不创作学院派绘画，我是否能继续存在下去？"人们会说："他连透视都不懂！"怎样才能证明他懂得透视？他不遵守透视规则乃是故意而为。要想说明异端创始人的孤独、对抗逐出教门所需的胆量等问题，就应当明白：实际上，马奈拥有人们所称的"心理资源"，而他的亲朋好友、他在艺术界的关系等因素就是这些心理资源的社会基础。这就是我所做的研究。我要深入探讨最具个人性质的领域，即马奈本人的特质、他与亲属和朋友的关系、女人在其交往中扮演的角色等等。与此同时，我还研究了他所处的空间，以便厘清现代艺术的开端。现在，人们对现代主义谈得很多。但在当时，人们并不清楚现代艺术是什么……

罗杰·夏蒂埃：你说得对。但是，现代艺术的出现与绘画生产场域的建立还不完全是一回事。场域的总体建构还涉及那些不从事现代艺术的人所持的立场，因此必然与其他决定因素也有关。你是否认为，单凭马奈的一声惊雷就能重组所有立场，使相互对立的立场在新的绘画场域内得以并存呢？

皮埃尔·布尔迪厄：你对我的纠正很有道理。我似乎提出了一种十分传统的看法，即描绘了一个孤独的、受排斥的和单枪匹马的革命者。我的表现实在太糟糕了。真实情况正如你所说的：马奈开创了一个新天地，在这个天地里，任何人都不能指定谁是画家和应当怎样作画。用一种夸张的说法，受法兰西学术院控制的一体化社会世界是个有"规矩"（nomos）的，即有基本法则和分隔准则的世界。希腊文"nomos"一词源于动词"nemo"，有"划分"和"分割"之义。我们从社会化中获得的结果之一就是分隔准则，它同时也是观念准则，例如对男女、湿干、热冷的区分等等。基本上被一体化的学术世界可以说："这个人是画家，那个人不是画家。"某人之所以成为画家是因为他"拿到了执照"，是因为国家说他是画家，是因为他拥有画家的证书。当时的法兰西学术院就是这种状况。自从马奈异军突起后，再也没有人能说谁是画家了。也就是说，人们从"规矩"转入了失范，即进入人人有权为合法性而斗争的世界了。一旦有人说"我是画家"，肯定会有人反驳他说："不，你不是画家，我可以用我对合法性的诉求来质疑你的合法性。"

罗杰·夏蒂埃： 你认为这就是现代艺术场域的定义吗？

皮埃尔·布尔迪厄： 对，是这样。科学场域也是如此，这个合法性成为问题的领域里却存在着关于合法性的斗争。一个社会学家的社会学家身份总会受到质疑。随着场域的发展，它的特有资本会越积越多。因此，要质疑一个画家的合法性，就应当掌握最多的画家特有资本。例如，当今的概念派画家以激进的抗议形式对绘画本身提出了质疑。他们最初的做法是划破画布。与初级的艺术品破坏者截然不同，他们对绘画史了如指掌，并以绘画方式对绘画艺术提出了恰当的质疑。一位艺术家能够完成特殊的艺术品破坏行为，这意味着他对艺术场域掌握得十分精湛。这些矛盾现象自场域形成后便出现了。"他画的和我3岁的儿子一样。"这种幼稚说法是不知场域为何物的人的典型表现。另一个例子是"海关职员"卢梭[1]。他属于稚拙画派，但他的稚拙是在有了场域后才显现的，这就像有了宗教场域才会出现宗教稚拙一样。卢梭是个"为别人"成为画家的人，

---

〔1〕 亨利·卢梭（Henri Rousseau，1844—1910），法国稚拙画派的代表人物。由于他长期在巴黎海关任职，故被绘画界赋予"海关职员"的绰号。——译者注

一个他人的画家。毕加索（Picasso）和阿波里奈尔（Apollinaire）等人把"海关职员"卢梭视为画家是出于对绘画场域的考虑。而他本人并不明白自己的所作所为。"海关职员"卢梭的对立面是杜尚（Duchamp）。实际上，杜尚是最早熟练地（还不是自觉地）掌握了艺术场域法则的人，他也是有幸最先享用失范制度化产生的所有资源的人。

罗杰·夏蒂埃：那么，如果我们用同样的观点看待社会科学的形成，你是否会说一个学科的形成就如同一个场域的形成，正如你刚才描述的绘画生产场域那样？

皮埃尔·布尔迪厄：其中应当存在博弈和实用的博弈规则。一个场域很像一种博弈，赫伊津哈（Huizinga）关于博弈的很多说法也适用于场域，但它们的主要差异在于：场域中有基本法则和规则，却没有制定规矩的人（nomothète），没有法院，也不像体育界那样有颁布规则的联合会。总之，场域有其内在的规律性，也有制裁、检查、惩罚和奖励，但所有这些都不是制度化的。

艺术场域的特点是：在所有场域中，它的制度化程度最低，审批部门也相对较少。当然，有人会提到每两年举办一次的艺术展。但无论如何，与科学场域或大学场域相比，艺术场域的制度化程度要低很多。

让我们以哲学为例，当某个人想带着"纳粹"观点加入哲学博弈时，像海德格尔那样，他便会被迫屈从于该领域的一整套运作规则，这甚至无须经过有意识的操作。这就表明了场域的存在。该领域的规则包括："反犹太人"就是"反康德"。这中间实际上有一些中介：在海德格尔所处的时代，康德是理性主义的代表并受到犹太人的维护。有意思的是，场域所强加的是一种炼金术：我若想以哲学家的身份发表纳粹言论，我就必须将这些言论改头换面。这样一来，海德格尔是不是纳粹分子的问题便没有任何意义了。他确实曾是个纳粹分子，但有意思的是要看他如何用本体论的语言来发表纳粹言论。

罗杰·夏蒂埃：你提出的看法有助于人们摆脱简化论的严重幼稚病。有些历史学家从分析社会地位和社会结构转为分析文化生产和文化实践，他们把生产与地位直接联系起来，从而制造了与他人同样的乃至更多的短路现象。他们在个体层面或群体层面把产品与生产个体机械地扯到一起。这种缺乏任何中介的生拉硬扯使众多有关"民众文化"形式的讨论陷入困境。因此，我认为，在语言和场域状态所规定的系统中，"转换""中介"和信息重组的概念具有决定性的贡献。

然而，我有个和我们讨论习性概念时同样的问题，也是涉及"长时段"的问题：人们在场域出现之前是如何对待场域的？人们如何能判定在某一时刻可以用在共同空间内建构和组成的语言来说些什么，即便他们的立场是截然对立和相互冲突的，即便上述空间尚未形成？社会世界将成为"社会学"的研究对象，让我们看看有关社会世界的论说。我正在做一项有关莫里哀的研究，具体说就是研究他的《乔治·唐丹》。我们可以说，戏剧在 17 世纪是聚焦社会进程的方式之一。后来，社会学知识又以其他语言和其他形式建构起社会进程。我说这些并非要重提先驱概念，因为这种概念代表了较为愚蠢的想法：摆出从孟德斯鸠或更早的某人以来的一系列画像，并声称"他们是社会学的先人"。这种想法没有任何意义。而可能有意义的是努力理清人们是通过哪种类型的论说来聚焦对象的。因为这些对象将成为科学场域，尤其是社会学场域的研究对象。

皮埃尔·布尔迪厄：你说的完全对。我再说一遍，你刚才所说的话令人获益匪浅。除了莫里哀,我还可以举另一个例子,即 19 世纪的小说。人们通常会说巴尔扎克(Balzac)是社会学的先驱。而巴尔扎克也把自己看作社会学家,并要求享有此种身份。但我认为,社会学的发明人和最称得上社会学家的小说家当属福楼拜。这种说法往往使人感到意外,因为福楼拜还是形式小说的发明者。"我愿意写的,是一本不谈任何问题的书",这是福楼拜的一句名言。我认为,新小说派的作家及其评论家们根据这句话便把福楼拜说成纯小说和无目的形式小说的发明者,这是站不住脚的。实际上,从社会学角度看,福楼拜是最具现实主义风格的小说家,这尤其体现在形式化的《情感教育》(L'Éducation sentimentale)一书中。上述评价也完全适用于马奈,他对形式的探索同时也是对现实主义的探索。把形式主义与现实主义对立起来同样属于愚蠢的二律背反。我认为,探讨福楼拜对形式的追求是回顾社会经历和再现社会压抑的机会。由于探索纯形式和写作不旨在"讲故事"的纯小说,福楼拜做了一项使他以一千次死亡为代价的工作,即"咳出"(expectorer)他自身对社会世界的体验并将当时的统治阶级客观化。这项工作可与最精彩的历史分析相媲美。

在完成了对《情感教育》最初分析后,我曾将该成果分发给一些朋友。于是有个哲学家朋友便问我：福楼拜对资产阶级社会空间的看法在社会学上是否能站住脚。这便引发出一个问题。我认为，福楼拜本人当时并不完全知道他会做出这种分析。这涉及形式的问题，因为福楼拜对形式的探索也是对自身的探索，也是一种社会分析研究。他正是通过上述探索，才展现出其写作动因的客观真相的。有人曾幼稚地说："福楼拜把自己等同于弗雷德里克。"福楼拜究竟是不是弗雷德里克呢？福楼拜小说的主人公在社会空间中的地位与小说的作者相同，但他在这种地位上却写不出小说。人们可以无限地发挥。我认为这关系到社会学功能的问题，回顾经历和社会分析的作用问题，以及小说与科学论说的关系等所有问题。

有一个问题让我反思良久：福楼拜的读者和福楼拜迷们对《情感教育》的内容没有丝毫异议，但为什么当我想用社会学的语言来概述此书时却激起他们的愤慨？我也认为《情感教育》是最能引发文学激情的小说之一，但为什么当他们眼中的"佳作"被科学论说平淡且客观地转述后便会使他们感到厌恶？然而，上述经历并不使我感到难以承受，因为如果在20年前，我也会反对我如今做出的许多分析。

上述现象可引发我们对客观化的形式展开思考。我认为，场域的状况不同，客观化的形式也不尽相同。我想用个可能有点复杂的类比来说明。宗教战争是内战在场域分化过程中的表现形式，政治场域此时尚未从宗教场域中分化出来。在此期间发生的斗争具有含混的性质，即农民战争同时也是宗教战争。只有傻瓜才追问这到底是政治战争还是宗教战争。在当时，宗教是唯一的场地，真正意义上的政治场域尚未形成。因此，在这种空间内，战争的政治性质只能如此体现。另外，正如你在谈到《乔治·唐丹》时所表明的，我认为莫里哀也可以建构一种社会学的客观化形式，例如在资产阶级与贵族的关系，在涉及分级系统的斗争等方面。当时存在着审查制度，最具政治性的小说类还要经过特殊审查。所以，福楼拜只能在允许的范围内尽量表达他的想法。

罗杰·夏蒂埃：是的，他只能尽可能地表述或用另一种方式表达。我们又回到了上面提到的一个问题，即写作问题。你所说的一切似乎表明，文学写作有一种让人怀念的魅力，如果由它来表达你所选定的对象，其影响和效力会超过最完美和最成功的社会学写作。这也许是个涉及场域状态的问题：在某一特定时期，当社会学的话语尚未形成时，文学或其他符号生产占据着整个场地。它是文学，在某些方面也是社会学。一旦进入了比赛、竞争和二元局面，社会学便被斥为低等论说，因为它不会用最合法的文学语言来表述它们共同的对象。也许会有例证表明，话语的改变不是由于其自身发生了变化，而是由于其所在的场域发生了变化……

皮埃尔·布尔迪厄：你说的完全对，我没有什么可补充的了……

罗杰·夏蒂埃：我们谈到具有"社会学"性质的文学，你是否有时想成为福楼拜呢？

皮埃尔·布尔迪厄：想，也不想。我对福楼拜是有些眷恋之情。尽管如此，由于我能从社会学的角度理解福楼拜何以成为福楼拜且只能成为福楼拜（这已经很不简单了），并懂得他为何未能如愿成为社会学家（我们不要忘记：除了想成为语言大师和形式大师外，福楼拜还想揭示社会世界的真相，他的资料收集工作足以证明这一点），这使我不会对一种实际上异化的话语抱有幻想。我认为，作为小说家的福楼拜在某种程度上并未完全做到他想要做的。他只是以一种无意识或不自觉的方式发表了关于社会世界的言论。也许，由于他不能容忍社会世界的真相，所以才只是用一种可接受的形式来介绍它，即加以塑造……时常有人对我说："你们社会学家落后于小说家。"我认为福克纳（Faulkner）就是个表达民众话语的非凡小说家。这似乎令人惊讶，但要说在哪里可以找到我们在访谈中听到的那种民众语言，我会说在福克纳的著作中。如果说小说家在理解时间结构、故事结构，以及运用语言等方面经常居领先地位，这主要是由于他们致力于塑造工作而与现实拉开了距离。他们用形式这把镊子来触碰现实，因此他们可以容忍这些现实。而社会学家之所以让人不能容忍，是因为他们有话直说，不顾及形式。形式的差异既最重要又最不重要。例如我把《情感教育》改为提要，这种改造什么都未改变但又改变了一切。这使原本富有魅力的东西变得不可容忍，因为它是一种否认的产物。于是，这遭到了感受者的再度否认，他们自以为的理解实际上并非理解。他们还有"玩火"的魔力，但却没人想知道所玩的社会之火到底是什么。

罗杰·夏蒂埃： 我觉得，写作方式与科学学科的关系是因学科不同而异的。就历史学而言，自觉或不自觉地采用讲述形式会更加便利。从文学建构中借用讲述形式也方便得多，尽管二者的宗旨并不相同。就社会学而言，其宗旨是与对象本身拉开距离。它们之间的差别便在于此。

皮埃尔·布尔迪厄：在这方面，我时常想戏弄一下我的历史学家朋友。他们总是注重写作手法和形式完美，这当然无可非议，但他们往往忽略了对推进科学研究至关重要的生涩粗糙的观念。注重完美的叙述非常重要，因为这是一种展现功能和建构科研对象的方式，使人们能够感觉和目睹到它。这也是一种近乎米什莱式的展现对象的手法，尽管这并不是我所喜欢的。他们也可以展现结构嘛！这似乎有点怪异，但却是历史学家的功能之一。社会学家则不同，他们应当放任即时的直觉：如果他们想解释一场竞选晚会就必须长话短说，直奔主题，因为他们深知选民知道得太多了。而历史学家若想谈论克吕尼教派的僧侣，他们便可以从森林谈起……优雅文体固然有其功能，但我觉得历史学家有时为追求形式完美而牺牲了过多东西，他们不能与原始经验和美学追求一刀两断，也不会停止从自己与研究对象的关联中获得享受。

罗杰·夏蒂埃：是的，随着重视社会行动者的理解方式实现回归，上述现象还有所加强。这助长了历史学家再现他们经历的欲望。因此，历史学家担负起使死去的亡灵复活、用故事重现他们一生的任务。正因为如此，对米什莱的参照成为了强有力的、必需的做法。然而，这种做法也会阻碍旨在将结构与个人、地位与习性衔接起来的研究，例如你现在所做的工作。